アドベンチャーレースが未来をつくる

自然をフル活用したスポーツが、地方と教育を元気にする!

我部 乱 有限会社エクストレモ代表取締役

はじめに

我部乱（がべ　らん）です。

変わった名前ですが、本名です。中米コスタリカで出合った「アドベンチャーレース」に魅了され、今は、有限会社エクストレモという、アドベンチャーレースを中心としたアウトドアスポーツイベントの会社の代表を務めています。

青年海外協力隊で、コスタリカに滞在した2年間に、2回のアドベンチャーレースを開催し、アドベンチャーレースの面白さ、過酷さ、そして奥深さを知りました。それがまさに原点ともいえます。

ところで、アドベンチャーレースをご存じの方は、いったいどのくらいいらっしゃるのでしょうか？「アドベンチャーレース」という名前からして、過酷で、普通の人にとってはハードルが高いのではと思うかもしれません。知っている人の割合はかなり低いのではないかと推測されます。

起源は約30年以上前の1989年に遡《さかのぼ》ります。車のレースで有名な「パリ・ダカールラリー」（現在のダカール・ラリー）の人力版ができないかという、フランス人のジャーナリスト、ジェラルド・フュージ氏の、ある意味、奇特な発想から生まれたスポーツです。

2〜5名が1チームとなり、さまざまなアウトドアアクティビティ（トレイルランニング、トレッキング、マウンテンバイク、カヤック、オリエンテーリング、ロープアクティビティなど）を駆使しながら、チームで協力して、自然の中に設置されたチェックポイントを地図を読みながら通過し、ゴールを目指していく競技です。

コロナ禍《か》以降、リモートワークが普及するなど、コミュニケーションのかたちが多様に変化していく中、自然と向き合い、リアルに肌で感じることのできるこの競技は、アナログの要素が満載で、時代に反するイメージを持たれるかもしれませんが、今の時代だからこそ必要なものだと強く感じています。

この異次元じみた「アドベンチャーレース」とは何なのか。私が設立したアドベンチャーレースの会社「エクストレモ」とは、どういう会社なのか。

過酷なイメージで、手の届かないところにあるような「アドベンチャーレース」が、地域活性や教育とどのように結びつき、効果や関係性が築かれてきたのか。そして、このマイナー競技でもある「アドベンチャーレース」と共に、私自身が、エクストレモが、どのように歩んできたのか。さっそく、その生きざまとプロセスを見ていくことにしましょう。

アドベンチャーレースが未来をつくる　目次

第2章
地域活性化としてのアドベンチャーレース

第3章　エクストレモ誕生のビフォー&アフター

第4章 教育に関わるアドベンチャーレース

第5章 アドベンチャーレースをとおして目指すもの

装幀・本文デザイン　佐々木博則
写真　著者提供
図表　株式会社ウエイド

第1章

アドベンチャーレースとは

アウトドアスポーツの中のアドベンチャースポーツの位置付け

アドベンチャーレースやアドベンチャースポーツのことを記す前に、アウトドアスポーツ全般について書きたいと思います。

「アウトドア」という言葉は、何となく想像できると思いますが、いわゆる屋外で行う活動です。野球やサッカーも屋外でやるからアウトドアスポーツかというと、一般的にはそのジャンルには入りません。「野外スポーツ」というのが適切な言葉かもしれません。

アウトドアスポーツはかしこまっていうと、自然の中で自然環境を活かして行う身体的な活動、とでも言いましょうか。

アウトドアスポーツをする人が、何のためにやっているかというと、競技で勝つこと、上位になることといった競技志向のこともあれば、楽しみや癒やし、仲間と一緒にいることを目的としたレクリエーション的志向が動機だという人もいます。

ほかには、健康維持のために行う健康志向もあります。健康志向で始めたのに、いつの間にか競技志向に変わるようなことも、よくある話です。

現在は、多くの自治体が地域活性化や町おこしの一環として、スポーツに関する積極的な取り組みを行っています。ランニングブームが続く中、「エンデュランススポーツ」と呼ばれる、持久系長距離系のアウトドアスポーツへの関心が高まっています。その背景には、アウトドアスポーツが、

①手軽に楽しく、おしゃれに楽しむことができるため、日常生活の延長線上の活動になったこと

②個人の健康やライフスタイルが、より身近なトピックとして存在するようになったこと

が挙げられており、その中でも、より自然のリスクと向き合って行うアウトドアスポーツが、「アドベンチャースポーツ」という位置付けです。

低い山でハイキングをするより、トレイルランニングやクライミング、縦走登山のほうが危険と隣り合わせになることが多く、海や川であれば、水遊び、川遊びをするより、シ

ーカヤックやラフティング、スキューバダイビングのほうがリスクもあります。

自然環境においても、空で行うパラグライダーや、洞窟で行うケイビングといったアクティビティに、リスクがより伴うであろうということは想像がつくと思います。また、季節によっても変わってきて、ウィンタースポーツのスキーやスノーボードも、ゲレンデで行うよりゲレンデ外のバックカントリーだったり、雪山での登山だったりのほうが、アドベンチャー度が増すのは当たり前です。リスクが増せば、特殊な技術や装備なども必要になってくることは言うまでもありません。

アドベンチャーレースの定義

それでは、「アドベンチャーレース」とは何なのでしょうか?

単純に直訳すると、冒険のレース。ちなみに、「冒険」を辞書で引くと、「危険を冒すこと」「成功するかどうか確かでないことをあえてやってみること」とあります。子どものの頃は、誰もが冒険にあこがれていても、大人になると現実を見てしまいがちです。自分の限界を突破し、見えない世界の扉を開いてみたいという願望は自然でもあり、アドベンチャーレースに挑戦しようと思うだけでも、ものすごいチャレンジだと思います。

話を戻すことにします。「はじめに」でも述べましたが、競技としてのアドベンチャーレースは、トレイルランニング、トレッキング、マウンテンバイク、カヤック、オリエンテーリング、ロープアクティビティといったさまざまなアウトドアアクティビティを駆使しながら、地図とコンパスを使い、自然の中に設置されたチェックポイントを通過し、ゴールを目指していく競技です。2～5名が1チームとなり、チームで協力しながら進みます。

アクティビティの1つ、マウンテンバイク

1989年に、ニュージーランドで開催された「レイド・ゴロワーズ」が、世界最初のアドベンチャーレースといわれています。日本では、１９９９年に、スキー用具メーカーのサロモンが主催した、「Salomon X-adventure」が最初といわれ、２０００年から6年間、静岡県の伊豆半島全域で3日間かけて行われた「伊豆アドベンチャーレース」という大会もありました。

世界に目を向けると、アメリカやオーストラリア、ニュージーランドなどでは盛んで、数時間のショートレースから、10日間以上かけて行うものなど、大小さまざまな大会が開催されています。以前、アメリカのスポーツ専用チャンネルＥＳＰＮでアドベンチャーレースが放映されているのを見た際には、自然と対峙《たいじ》して行うこのスポーツは、見る者を強く惹《ひ》きつける力があると感じました。

また、日本でも20大会ほどが開催されていて、おもに週末の1~2日間で行われるものがほとんどです。最近では、日本のプロチームが何日間もかけて行われる海外の過酷なアドベンチャーレースに挑戦し、大自然のさまざまな困難に立ち向かいながら、その一挙手一投足を追うドキュメンタリー番組がＮＨＫで放送されたりと、冒険レースの認知度は確実に上がっているところです。

アドベンチャーレースの特徴

アドベンチャーレースという名前だけを聞くと、非常に困難な「冒険」が課されるのではないかと身構えてしまうことでしょう。実際に何日間もかけて行うレースも海外には存在します。冒険要素が強いかどうかは大会にもよりますが、アドベンチャーレースの特徴としては大きく3つあります。

1つ目は、チームで参加することです。チームの人数も2～5名と、野球やラグビーほど大人数ではなく、コンパクトなチームで行うことが特徴です。また、チーム編成も男女混合が基本線ですが、現在は同性のチームで参加できる大会も多いとされています。

そして2つ目に、複数の種目があるということです。複数というとトライアスロンをイメージする人も多いかもしれませんが、それ以上に多種多様なアクティビティがあるというのも特徴です。レースによってはランニングやトレッキング、マウンテンバイクのような陸上や山岳でのアクティビティや、ラフティングやカヤックなど水上でパドルを使うもの。ほかには、ロープを使って急な斜面を降りる種目など、バリエーションも豊富で、レース内容が多様であるということが挙げられます。

さらに、3つ目の特徴として、ナビゲーションの要素が含まれることです。コースが決まっているマラソンやトライアスロンなどとは異なり、自分たちで地図を読みながらルートを決めなくてはなりません。スタート直前にチェックポイントが記載された地図を渡され、そこで初めて、おおよそのコースがわかります。その地図を見ながらチェックポイントを結んで進んでいくのです。最短距離で進むより、回り道をしたほうが早く到着できるかもしれない、といったことをチームで話し合いながら決めていきます。体力面で劣る年配者のチームが若い人たちのチームに勝つこともあり、このあたりがアドベンチャーレースの面白いところの1つです。

ただ、ある意味、何でもありなところもあり、絶対こうでないといけないというルールが決まっているわけでもありません。規定が明確でないところがオリンピック種目になれない理由かもしれませんが、その国や地域にちなんだ道具や移動手段を使ったり、マウンテンバイクを使わないレースがあったりとさまざまです。基本的に人力で進むという点は変わりませんが、主催者やコースディレクターのさじ加減で、内容が変わったりする自由

水上種目のシーカヤック

老若男女を問わず、さまざまな編成のチームが集う

なところがあり、参加者もまた、毎回違うコースに頭を悩ませながら、楽しんでいたりもします。

アドベンチャーレースに関連するアウトドアアクティビティについて

基本的には人力で移動していくアドベンチャーレースですが、おもな種目として、山道や林道のような不整地（オフロード）を移動するトレッキングやトレイルランニング。山道やガタガタの道を自転車で進むマウンテンバイク。そして、川や海、湖など、水上を移動する種目には、カヌーやラフティングなどがあります。

トレッキングやトレイルランニングは、歩くか走るかで、呼び方は変わってきますが、山道や林道といった舗装されていない道を移動する競技です。レースによっては岩場があったり、藪《やぶ》のような場所だったり、簡単に走れないようなところもあります。トレッキングは、競技というより、山登りの一環のような意味合いがありますが、トレイルランニングは、競技として存在します。決められたコースをいかに速く走るか、いわゆる「山岳マラソン」とも呼ばれる競技です。マラソンのような舗装道路を走る競技とは違って、自然の道が相手なので、天候などに左右されることも多く、また山道のトレイルと林道では、道幅や障害物などの違いもあり、特に下りは、テクニックが必要とされています。

マウンテンバイクは、山を走るために作られたタイヤの太い自転車ですが、実際、日本のアドベンチャーレースでは舗装された道（ロード）を走ることも多いです。基本的にはオフロードを走ることが前提で、マウンテンバイクの大会も存在し、マウンテンバイク競技の中でも、クロスカントリーといって、決められたコースを何周回もする競技は、オリンピック種目にもなっています。それ以外では、山の斜面など、下り坂を下るダウンヒルという競技があります。また逆に、ヒルクライムといって登っていく競技もあります。

水の上でのアクティビティといえば、ラフティングやカヤックといったものになります。それらは、パドル種目といわれたりもします。アドベンチャーレースでは、ゴムボートを大人数で漕《こ》ぐラフティングや、同じカヤックでも海を行くシーカヤックと、川を行くリバーカヤックがあり、船のタイプも異なります。最近はパックラフトといって、1～2

名で乗れるゴムボートも利用されることがあります。また、多くの方が「カヌー」といったらイメージが浮かぶであろう、デッキがオープンになっているカナディアンカヌーが、適用されることもあります。パドルの水をかく部分（ブレード）が、左右についているカヤックと、ラフティングやカナディアンカヌーは、シングルブレードパドルといって、片方だけにあるという違いもあります。海や川に行かないと練習できないので、アドベンチャーレースの中でもタイムのカギを握る種目でもあります。

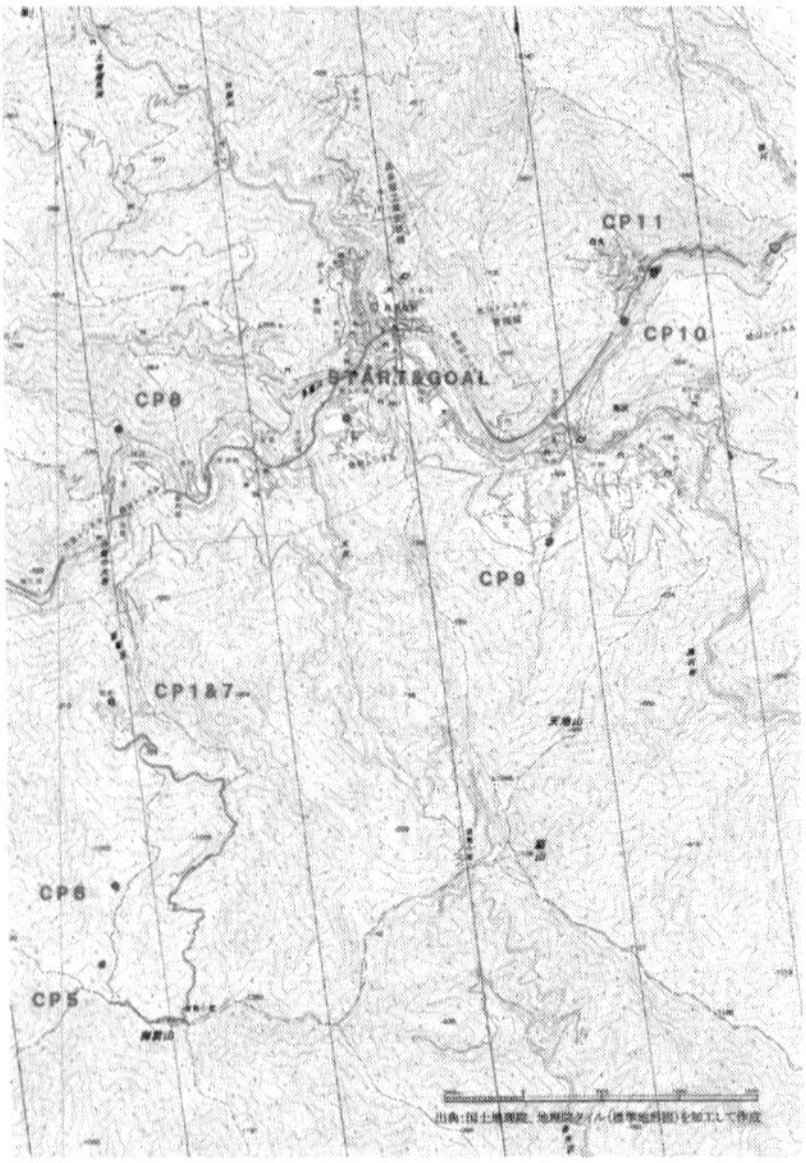

アドベンチャーレースの地図（地理院タイル〈国土地理院〉を加工して作成）

カナディアンカヌーやカヤックはオリンピック種目に適用されていることもあり、オリンピックの期間には、テレビなどで目にすることも多いのではないでしょうか。

そして、ナビゲーション的要素が含まれていることもアドベンチャーレースの大きな特徴です。あらかじめコースが決められているわけでなく、地図とコンパスを頼りに、自分たちでルートを選択していきます。その代表格ともいえるオリエンテーリングという競技は、北欧では盛んなスポーツです。オリンピック競技ではありませんが、それに準ずる競技大会「ワールドゲームズ」という世界的な競技会の種目の1つとして存在しています。

実際のオリエンテーリングの競技は、地図の縮尺も細かく、より精密に地図を読んでいかなければいけないものとなり、アドベンチャーレースのように競技時間が長いわけではなく、いかに細かく地形を確認して、より速く進むかという繊細さが問われるところがあります。

非日常だからこそ味わえる体験

アドベンチャーレースの参加者に、なぜあえてこのような過酷なことに挑むのかと聞くと、

「非日常の体験ができる」

「知らない地域を肌で感じることができる」

といった答えが返ってきます。疲れや暑さなどで厳しい状況になると、精神的に追い詰められて、イライラしたりすることもありますが、そのような時、チームメンバーのお互いの信頼関係があれば、自然とフォローし合う気持ちになるといいます。

実際、何もフォローしなければ、チームで1番遅い人のペースがそのチームのペースになっていきます。1人が速いだけではチームとして勝つことは難しく、遅い人のペースを引き上げていくことが早くゴールできるカギとなります。

牽引《けんいん》といってロープでチームメイトを引っ張ったり、手で背中を押してあげたりすることもレース中には起こります。また、疲れている人の荷物を持つだけでも、単に荷物の分の負荷が減るだけでなく、精神的な助けにもなっていきます。フォローし合うことがアドベンチャーレースでは欠かせないことになるのです。

中には、「何でこんなことをやっているんだろう？」と思いながら参加している人もいるかもしれません。それでも、非日常の体験だからこそ、感じることのできる感覚がそこにはあるのでしょう。マラソンなどの個人種目でゴールするのとは一味違う、チームだからこそ味わえる達成感が大きいのです。トレーニングしたから勝つわけではなく、それ以外の部分、チームとしてのコミュニケーションをいかに取りながら進むかといった要素が大きく、体力勝負だけでないところにこそ、この競技の面白さがあります。

とはいえ、参加者はコミュニケーションのために出場しているわけではなく、あくまでも自分への挑戦や仲間づくり、自然に癒やされることでストレス発散になる、といったことを求めており、そして何よりもレースを楽しむために参加しているということは、言うまでもありません。

例えば、3人のチームで夫婦喧嘩《げんか》が起きて残りの1人が困ってしまっているというような事態も起こります。非日常の究極の状況の中で、チームのメンバーが言い争ったり、話し合ったりすることが数多くあります。コースが定まっていない状況では山側を進むか、海側を進むかで意見が割れたり、道の分岐で右に行くか左に行くか、尾根《おね》を進むか沢から行くか、といった感じで話し合うこともあります。そのような時、いかに細かいことでも、その都度《つど》コミュニケーションを取っていかないと、うまく進むことはできません。

一言でコミュニケーションと片づけることはできませんが、やはりチームメイト同士がそれぞれの役割を果たしながら、フォローし合うことが常に求められてきます。個人参加のレースではなく、チームとして参加しているからこそ、喧嘩をしてもゴールできてよかったとか、完走できずに終わることになったとしても、泥だらけになりながらつかんだ経験は、きっといい思い出となるでしょう。大人が童心に帰って自然の中を駆け巡っていくからこそ味わえる特別な思いなのではないでしょうか。だからこそ、ゴール後のビールが格別！　最高！　ということにもなりますね。

興味深いことに、男性のみのチームより、女性が入ったチームのほうが早くゴールするのを見かけます。単純に「ヨーイ、ドン」で走ったら、体力では勝る男性チームのほうが早くゴールするように思いますが、アドベンチャーレースは、チーム単位で参加します。そこでは、「俺が俺が」とプライドを前面に出していく人同士が組むチームはうまくいかなかったりします。

それとは逆に、体力面で弱くてもムードを盛り上げてくれる人がいたり、フォローできる人がいたりすると、全体的に早くゴールします。このように、アドベンチャーレースのコミュニケーション要素がレースのかけひきに効いてくることも、この競技の面白さの1

チームだからこそ味わえる感動のフィニッシュ

フォローし合って進む参加者たち

ってです。

今の便利すぎる世の中で、実にアナログなことをやっているなとつくづく思いますが、直接会うこと、直接コミュニケーションを取ったり話したいという欲求は、そう簡単になくならないのではないかと思うのです。人間対人間のことなので、リアルに意見をぶつけ合い、究極の状況でも前に進まなくてはいけない。そういったことから、アドベンチャーレースは人間力が試される競技といっても過言ではないと思うのです。

人間力が試されるということ

アドベンチャーレースは、チーム戦であるがゆえに、メンバー同士が噛《か》み合わないとうまくいかない。絶対的なエースがいるからといって、優勝できるとはかぎりません。より密度の濃い時間を共有しながら進んでいくチームは、それゆえに、時には意見が割れたりもします。そういった喜怒哀楽も一緒になって楽しむには、人間力が肝《きも》になると思います。純粋に自然をリスペクトできたり、相手のことを思いやったりすることが大事であり、自分勝手な行動をとると、うまくいくものもうまくいきません。

レースには、比較的、心に余裕を持っている参加者が多いように見受けられます。それぞれの得意不得意の種目を、お互いにフォローし合って進む。それがアドベンチャーレースの醍醐味《だいごみ》でもあり、役割分担、チームワーク、タイムマネジメント、そういった観点も含めて、アドベンチャーレースが〝社会の縮図〟と称される所以《ゆえん》でもあります。

エクストレモとアドベンチャーレースとの関わり

私が経営する有限会社エクストレモ（以下、エクストレモ）は、アドベンチャーレースを中心としたさまざまなアウトドアスポーツイベントを企画運営している会社で、2005年2月9日に設立しました。

アウトドアスポーツの愛好者をはじめ、親子や初心者向けのレースまで幅広く開催しており、チャレンジしやすい大会も展開しています。多くの人に、イベントをとおして、その地域の自然や人々とのふれあいを体感してもらうこと、そしてアウトドアスポーツの裾《すそ》野《の》を広げることを大きな目標に掲げています。

エクストレモが主催するアドベンチャーレースは、「エクストリームシリーズ」が年間4戦、尾瀬檜枝岐《おぜひのえまた》大会（福島県檜枝岐村）、那珂川《なかがわ》大会（栃木県那須烏山《なすからすやま》市）、奥多摩大会（東京都奥多摩町）、奥大井大会（静岡県川根本町《ほんちょう》）、それと、東伊豆アドベンチャーラリー（静岡県東伊豆町）となり、2023年に、エクストリームシリーズは、19年目を迎えます。また、2017年、10回目の節目に終了した、エクストリームチャレンジin四国の右下（徳島県海陽町《かいようちょう》）や、コロナの影響で中断しているやんばる東村《ひがしそん》アドベンチャーラリー（沖縄県東村）、エクストリームウィンターチャレンジ信州高山大会（長野県高山村）も代表的なレースです。

年齢制限については、エクストリームシリーズでは、必要な体力要素として中学生以上を想定したレースとなります。なお、5歳以上のお子様も出場可能な東伊豆アドベンチャーラリーには、家族で参加している人も多くいます。それぞれの大会については、次の章で詳しく紹介したいと思います。

ジョギング・ランニング実施率

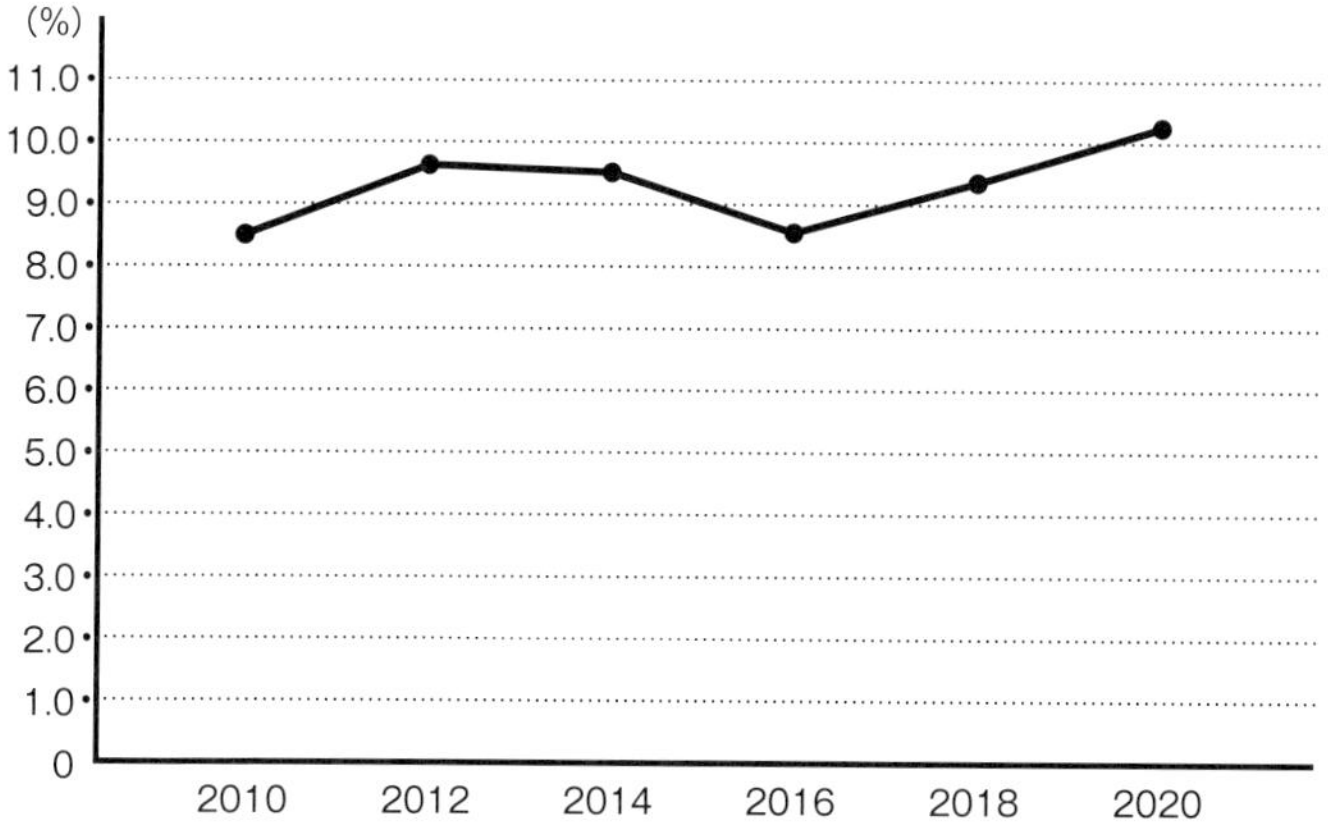

出典：笹川スポーツ財団「スポーツライフ・データ2020」より

コロナ禍でのアドベンチャーレース

新型コロナウイルスの蔓延《まんえん》は、言うまでもなくさまざまな制約をもたらしました。イベント業界もまさに大きな打撃を受けた業界の1つです。

参加型のスポーツイベントに目を向けると、2020年の前半は、軒並《のきな》みどのスポーツイベントも中止になり、同年後半から、徐々にですが復活しているところも見られました。

さまざまなイベントが中止や延期される中、3密になりにくいという理由で、ジョギングなどの外での運動は推奨され、アウトドアという分野が、ブームになっていることは、ニュースなどでご存じの方も多いのではないでしょうか。

笹川スポーツ財団の調査によると、コロナ前よりコロナ禍のほうが、ジョギングやランニングをする人が10％増加したというデータもあります（前ページ図参照）。また、サイクリング業界では、パーツが海外から入ってこないことも追い打ちとなり、自転車本体も含めて一時的に売り切れが生じ、なかなか手に入らないという状況が発生しました。

キャンプも、3密とは縁がないという理由からブームとなり、新しく始める人も増えました。テントやシュラフ（寝袋）はバカ売れしていて、一時的に入手困難になったり、お1人様キャンプを指して「ソロキャン」といった言葉も生まれたりしている状態です。テレビ番組でキャンプが特集されたり、芸能人がYouTubeで自身のスタイルを披露したりしたことが、キャンプブームを呼び込んだ1つの要因かもしれません。

ちなみに、イベントに関しては、行政主体のイベントは中止が多いものの、2021年からは、民間主催のものはだいぶ戻ってきています。

コロナ禍で、エクストレモのレースは？

エクストレモの大会は、2020年の春こそ壊滅状態となったものの、同年夏に競技運営に携わった「ニセコアドベンチャーレース」が初開催に成功。全国で初めての緊急事態宣言が出される中、開催すべきか、主要メンバーたちと悩みましたが、やるという選択をしました。そこからの準備が急ピッチとなったことは想像がつくと思いますが、地元との渉外やコース設定などを進めていき、新型コロナウイルスで世の中が停滞して、イベントも軒並み中止が相次いでいる中、久しぶりに開催できるイベントに地元警察や地域の関係者も応援し

2022年「エクストリームシリーズ」のポスター

てくれるようになり、この初開催を成功に導くことができました。

エクストレモが主催するアドベンチャーレースも、２０２０年は「東伊豆アドベンチャーラリー」を予定どおり夏休みに実施することができ、「エクストリームシリーズ」も４大会から２大会になりはしたものの、春に開催予定だった那珂川大会と奥多摩大会は、地元の協力や理解もあって、できる範囲内でやっていこうという同意を得、開催を秋に移行することで、実施するにいたりました。

翌２０２１年も緊急事態宣言や台風などの影響で、中止や延期になった大会もありましたが、ほぼ予定通りに開催。２０２２年に関しては、３年ぶりにシリーズ戦も４戦全て行うことができ、予定通りに遂行できました。参加者が増えたかというと、実際のところそうでもないですが、コロナ前の人数には戻りつつあります。

コロナの影響で、多くの方々がストレスを抱え、いろいろな意味で抑圧されていることは間違いありません。アドベンチャーレースは、アウトドアスポーツということもありますが、３密になりにくく、それでいてリアルなコミュニケーションが必要とされるスポーツです。今後さらに、注目されるべき分野になることと確信しています。

エクストレモの〝アドベンチャーレース〟で目指すもの

過酷なイメージのあるアドベンチャーレースですが、エクストレモの主催するレースは、アドベンチャーレースの裾野を広げることによって、地域交流や地域活性に貢献していくことを大きな目的として展開しており、次の４つの目標を掲げています。

①環境保護・自然保護
②各地域の宣伝
③各地域の経済発展
④各地域の住民、自治体、企業の協力

地域のありのままの自然を活かし、普段使われていない里山や林道などがコースとなります。もちろん、インフラ整備やそのための設備投資などを行うことはありません。トレイルランニングやマウンテンバイク、カヤックなど、その地域に合ったアウトドアアクティビティを行うのもアドベンチャーレースの特徴です。また、オリエンテーリングのように地図を見ながら進んでいく、ナビゲーション要素が含まれることからも、競技性がある反面、自然と対峙することで必要不可欠なチームワーク、判断力、コミュニケーション力など、スポーツならではの醍醐味にあふれているのも大きな特徴といえます。

併せて、チームメイトとさまざまな場面を共有でき、1人で黙々とやるスポーツではないので、心もオープンになるのか、地域の人々とのあいだにも入りやすいのかもしれません。ゴールした時の達成感は個人スポーツの比ではないのではと感じます。競技によっては、リタイアを余儀なくされるようなレースもありますが、エクストレモのアドベンチャーレースでは、制限時間に間に合わなくても、ショートカットのコースに変更して、ゴールを目指してもらいます。早い人、遅い人に関係なく、ゴールテープを切る喜びを味わえるようにしています。

アドベンチャーレースはあらゆる場所がレースのフィールドになり、特にエクストレモのレースでは、地域の特性を活かしたチャレンジなども採り入れているため、関連するさまざまな組織の協力が不可欠です。また、地域の人々が自らの地域の魅力を再発見できるようなエ夫をすることで、スポーツを通じた地域活性化への貢献となっているのではないかと実感しています。

観光振興の観点からも、地元行政や観光協会だけでなく、商工会、農協、漁協、キャンプ場、アウトドア事業者など、地域の関係者とも連携しながら、少しでも経済効果があるような仕組みを共に考えています。

古民家の再建運用をエリアの核事業としている地域で開かれた大会では、古民家をＰＲしながら、参加者に宿泊してもらうような取り組みも行っています。他の地域に関してもレース後の宿泊、さらには、レース時以外の再訪につながるよう、そして地域のリピーターやファンとして定着するよう、日々試行錯誤しています。

アドベンチャーレースが、地域の自然と見どころなどをつなぐ「線」から「面」の役割を担っていることは重要なポイントです。毎年コースに変化をつけているので、その年ごとに新たな要素を組み込むことができ、ある種、大人の遠足的な要素も大いに含まれています。来訪者が増えることの経済効果はもとより、未来に向けた地域のＰＲにもつながっていると考えます。これらのことは、次の章で詳しく述べることとします。

観光地ではなくても、日本には素晴らしい里山やきれいな川といった自然環境があり、親切な人々がいる。そういったことを、アドベンチャーレースをとおして伝えていければ、この上ない幸せです。

そして、ありのままの自然を楽しみに来る人がいることで、地域の人々にも「おらが町」の自然や文化に自信と誇りを持ってもらいたいと思います。

地元をさらに知ること、そして人と人とのつながりを大切にしてほしいこと。アウトドアスポーツの魅力をレースの開催地で発信し、浸透させていくことが参加者の再訪にもつながります。また、そういった思いや取り組みを未来に引き継いでいくことができれば、アドベンチャーレースを開催し続けていく意味も膨らみますし、私の原動力ともなっていきます。

第2章

地域活性化としてのアドベンチャーレース

スポーツにおける地域活性化とは何か

地域でのスポーツにおける活性化というと、今ある既存のイベントを誘致すること、もしくは、新しいイベントを立ち上げること、この2つがあるといわれています。オリンピックやワールドカップといった世界的なメガイベント、日本選手権や国体といった国内の大きなスポーツイベントに関連することも大きな成果です。例えば、会場にならなくても、合宿場所を誘致したりすることもその1つといえます。

新規でスポーツイベントを立ち上げることは、その地域に合った特性を活かすことが重要であると考えます。少なくとも、その独自性を出すことで、地域のブランド化を推進することにもなります。そして、その実現には、どうしても地域住民の協力や住民同士との密着度合いが必要不可欠であることは言うまでもありません。

地域にとって、活性化にスポーツを採り入れる理由はいろいろあります。人口の減少を食い止めるために、魅力ある町を作る。そのためにスポーツが身近にあること、それによって健康な町でいられ、結果的に税収や地域の消費につながるなどといった、目的となるものはさまざまあります。

その中でも、自然が豊富な日本は、参加型のアウトドアスポーツを、地域として採り入れることに異論はなく、実際は市町村単位でなく、県を挙げて取り組んでいるところもあったりと、アウトドアスポーツの可能性を広げているのは事実です。

山や海に囲まれ、アウトドアスポーツが数多く楽しめる環境を持っている日本ならではの特性を活かし、スポーツ庁は、「アウトドアスポーツ推進宣言」（２０１７）を発表し、アウトドアスポーツは、

①豊かな時間をもたらすこと
②地域を元気にすること
③地域と世界がつながること

の３点を強調しています。

①については、年齢や体力にかかわらず実施できるものも多く、自然と向き合うことで得られる達成感や、自然環境をとおして得られるリフレッシュ感、そして、自然の中で体を動かす楽しさを感じることで、スポーツを楽しむというライフスタイルに接しているこ

とを意味しています。

②は、自然環境が豊富なのは地方部であり、地方における交流人口の増加が期待できます。その土地の食事や文化にふれ、観光要素を広げることで地域の活性化にもつながり、アウトドアならではのウェアやグッズなどの消費拡大で、経済的にも社会的にも、地域にもたらす効果はいろいろあります。

そして③に関しては、インバウンド需要を増やしていくこと、という解釈にまで拡大できます。日本には世界に誇る恵まれた自然環境と四季があり、海外の方々からの関心が高いのも事実です。新型コロナウイルスの影響で停滞してしまったインバウンド需要ですが、今後は復活することを期待しています。

スポーツをとおしての地域活性化ということで、各地域では、それぞれに合った施策が試されているのが現状です。特にスポーツイベントは、単に観戦したり参加するだけでなく、地域の今を肌で感じる絶好の機会ともなります。その成果の指標に関しては、「経済的効果」と「社会的効果」の2つに分けられるとされています。

経済的効果は、イベントの収益やそれに伴うツーリズム的な収益といったもの。それ以外にも地域の産業を波及的に活性化させたりという効果があります。

社会的効果は、健康を保ち続けること、地域社会の関係強化などのほかに、スポーツ特有の充足感といった、心身の満足にもつながり、ひいては、日本全体が元気になるという究極のところにも到達できるように感じます。地域のニーズにスポーツが応じられるか、といったことも地域を活性化させる1つのカギといえます。なぜなら、地域にはそれぞれの文化や違った課題があるのも事実だからです。

スポーツを地域性や、ツーリズムとしての資源として結びつけることで、地域住民の意識の向上や、地域での交流における社会的・経済的な活性化は、やがて地域としてのコミュニティの発展につながっていくでしょう。

スポーツツーリズムとの関連

スポーツツーリズムとは、スポーツ体験と観光を併せた旅行のことで、スポーツ観戦や参加を目的にした旅行や、地域特有のこと×スポーツを、観光として楽しんでもらうことでもあります。かしこまっていえば、「スポーツで人を動かす仕組みづくり」を意味し、1980年代から徐々に発展してきたとされています。そして、スポーツツーリズムに欠かせない地域の資源は、最初からあるわけではなく、何らかの働きかけがあって、初めて観光資源として成り立つのです。

スポーツツーリズムにおける、地域の資源を活用することにおいても、人間の力では想像できない、天然の自然資源があり、この自然資源を活用したアクティビティこそが、アウトドアスポーツであり、いかにこれらの自然資源を認識したうえで活用していくか、観光に対して商品化するかによって、ツーリズムとしての魅力を発信していくことができるのです。

ここでは、スポーツ×観光という単純な計算だけでなく、インフラ整備や地方独特の文化や習慣など、さまざまな要素が絡み合って、プラスにもマイナスにも働きます。現在、環境問題やSDGsがフォーカスされる中で、アウトドアスポーツが、スポーツツーリズムにおける重要な位置付けにあることは、言うまでもありません。

World Sports Tourism Show での発表によると、世界の観光需要におけるスポーツツーリズムの市場は大きくなってきており、地域観光に次のような付加価値をもたらすとされています。
①地域の伝統的な観光・イベントシーズンを超えた、訪問目的を作り出すことができる
②スポーツを起点に場を作ることで、新しい観光導線を生み出し、人々を惹《ひ》きつける
③地域の自然や歴史・文化性と結びついたスポーツは、地域観光コンテンツとして地域全体の魅力をも高める
④消費ポテンシャルの高い観光客を吸引し、地域での滞在時間を延長させることができる
⑤スポーツツーリストは、スポーツ仲間・コミュニティにも地域の口コミ・推奨を広げてくれる
⑥地域交流を通じて、人の賑わいやコミュニティの活性化を図り、住民及び観光客の地域への愛着を深め、継続的な訪問機会を拡大できる

日本でも、スポーツ庁を中心に、スポーツツーリズムの重点ニーズとして、「アウトドアスポーツツーリズム」と「武道ツーリズム」の2つを挙げて取り組んでいます。地域資源を活用するさまざまな試みも行っており、スポーツツーリズムの発展につながっています。スポーツと地域資源とを結びつけることで、地域のイメージの形成や、ブランド価値

向上にもなるとされています。

また観光庁も、自然、文化、アウトドアアクティビティを組み合わせた「アドベンチャーツーリズム」を唱え、滞在者が長い時間をかけて、その地域に楽しむことこそ、観光による地域づくり、ゆくゆくはサステナビリティ（持続可能な）コンテンツとして重要視しています。

アドベンチャーレースが地域に貢献するということ

それでは、エクストレモの主催するアドベンチャーレースは、スポーツツーリズムや地域の活性化にどのように関わっているのでしょうか。

地域交流や観光振興に貢献していくことを大きな目的として展開しているというのは、前章でも述べたとおりです。

①環境保護・自然保護

②各地域の宣伝
③各地域の経済発展
④各地域の住民、自治体、企業の協力

という4つの目標を設立当初から掲げており、その詳細については、次項で見ていくことにします。

4つの目標の意図するところ

4つの目標を掲げて、アドベンチャーレースを開催してきましたが、それぞれの意図するところを説明したいと思います。

①環境保護・自然保護

自然を大切に扱うのは大切なことですが、アドベンチャーレースの開催をとおして環境保護・自然保護をする、というのは、荒れ果てた山や自然、普段使われなくなった山道などを活用することによって、自然に活力を与えていくという意味を含んでいます。インフラ整備の必要もありません。観光地などにおいて、人が来るのはいいけれども、残していくのはゴミだけ、といった話を聞いたことがあります。マナーを守るのは、その地域に入るにあたって、必要なことであり、地域の自然を守っている人々に対してもリスペクトの念を持つのは当然です。レースだからイベントだから、何でもありということではない、と理解したうえで、レースを開催するのが重要であり、参加者にも理解してもらったうえで、参加してもらうことが重要であると考えます。

②各地域の宣伝

スポーツツーリズムにおいては、人が来ることによって、その地域のことを知ってもらう、というのが主たるところになります。アドベンチャーレースをとおして、この観光的要素を見出せる点が、開催する意味に通じます。

このあとの項でも述べますが、レースを構築するにあたり、その地域特有の要素がレースの種目として楽しめるように盛り込んでいます。静岡であればお茶に関係するチャレンジや伝統文化にふれることも試みました。ほかにも、地域の方言を覚えたり、その土地の文化や自然に関するクイズだったり、いろいろです。地域のPR面については、漠然《ばくぜん》とポスターを掲示するだけでは、その地域の魅力が細かいところまでは伝わりにくいので、直《じか》に体験し、知ってもらうことが、一番の宣伝だと考えています。

日本には、素晴らしい自然が残っているところがたくさんあります。アドベンチャーレースに参加する人は、発信力が高く、その欲求が高い人も多く、彼らによるSNSなどをとおした波及効果の広がりを実感しています。一般向けというよりも、アウトドアスポーツが好きな人、好奇心旺盛な人には刺さる投稿も多く見受けられます。テレビで放映したりと、大きな仕掛けで宣伝していくのも1つの方法ではありますが、誰もが知っている観光地を目指すのではなく、本当に自然が好きな人、アウトドア好きな人に届き、彼らが足を運んでくれることが、最善の方法であると考えています。

③各地域の経済発展

②と共通する部分もありますが、スポーツツーリズムを活かした観光的需要を見出すことが、まずは必要です。経済活動という意味では、何千人何万人も来るわけではないの

で、町としてこれだけを重要視していくのは、イベント単体としてはなかなか難しいのが現状です。ただ、少しでも、お金が落ちる仕組みというか、地域の人々にとっては、開催する意味があると考えるところも多く存在します。しかし、経済需要ありきでことが進み、「いくら儲《もう》かるのか？」という点だけに特化してしまうと、失敗している観光地は多くあるので、その地域に合ったバランスは重要です。

エクストレモ主催のアドベンチャーレースは、あえて土曜日に開催するようにしています。理由は、レースが終わってから、ゆっくり泊まってその土地を肌で感じてもらう、そういった意図があるからです。大会によっては、無理やり前泊させるようなところもあると聞きますが、エクストレモのレースは、あくまでも自然体、その土地に泊まりたいから泊まるという人が、リピーターになって広がりやすくなる——結果、経済的にもわずかかもしれませんが、効果があるのではないかと考えています。

④各地域の住民、自治体、企業の協力

どうしても、行政主体のイベントなどは、関係者が自主的にというより、業務として協力しているところも少なからず見受けられますが、あくまでも協力というのは、自主協力

地域の方たちとの交流は活性化への第一歩

のことで、地域の人々自らも、楽しむこと、これが一番重要なのです。自主的に関わることで、そのイベントや行事に関係している人が育ち、中心となるリーダー的な人が生まれるなど、結果的によい方向になるのは目に見えます。特に若い世代にとって「環境」「スポーツ」「自然」といったキーワードが入るアドベンチャーレースは、取り組みやすい気もします。

そして、地域以外の人が訪れることにより、交流も生まれ、地域の人々も大いに刺激を受け、活力が生まれる。こういったことは、社会的にも意味があることであり、なおかつ、プライスレスな体験です。人と人との結び付きを感じること、それらを自分たちでつかみ取ることができれば、イベントをやる意味にもつながります。

今も、今までも、いわゆる中山間《ちゅうさんかん》地域で、アドベンチャーレースは開催されてきました。地方特有の人材不足といった課題があるのは事実です。アドベンチャーレースをとおして、支える側としても楽しむことを前提に開催することで、少しでも地域活性化につながるのではないかと実感しています。

エクストレモが開催しているエリアの紹介

エクストレモでは、前章でも紹介しましたエクストリームシリーズを4戦、さらに東伊豆で親子でも参加できる大会を開催しています。それぞれのエリアで、地域にもたらす効果を理解いただいていると思っています。では、各エリアの特徴を紹介します。

〈福島県檜枝岐村／エクストリームシリーズ尾瀬檜枝岐大会〉

「尾瀬国立公園」の懐に位置し、周囲を4つの百名山で囲まれた檜枝岐村は、伝統とぬく

檜枝岐村名物のイワナ釣り

大会後の夜祭りを楽しみにしているリピーターも多い

もりを感じさせる場所です。福島県で最奥の村ということもあり、平家の落人《おちうど》伝説が残り、村には、平野、星、橘《たちばな》の姓の人しかいないといわれている珍しいところです。人口500人ほどの山間の村ですが、全世帯に温泉が引かれている、ある意味とても贅沢《ぜいたく》な地域でもあります。エクストリームシリーズは、2年目の2006年から始まり、村を挙げての行事として行ってきました。

お年寄りとグラウンド・ゴルフ対決をしたり、保育園児を笑わせるミッションがあったり、村人と交流があるようなチームチャレンジに数多く取り組んでおり、レース中でありながら人と人とのつながりを感じることのできる大会です。

現在は、村の有志の方々が中心となってイベントを盛り上げ、レース後には、夜祭りが開かれ、参加者、地域の人々がさらに交流できる場を提供してもらっています。この夜祭りを楽しみにしているリピーター参加者も少なくありません。今後も、奥会津の町村の垣根を越えて、交流の場を続けていければと思っています。

〈栃木県那須烏山市／エクストリームシリーズ那珂川大会〉

関東随一の清流といわれる那珂川流域がレースの舞台です。穏やかな水面でカヤックを

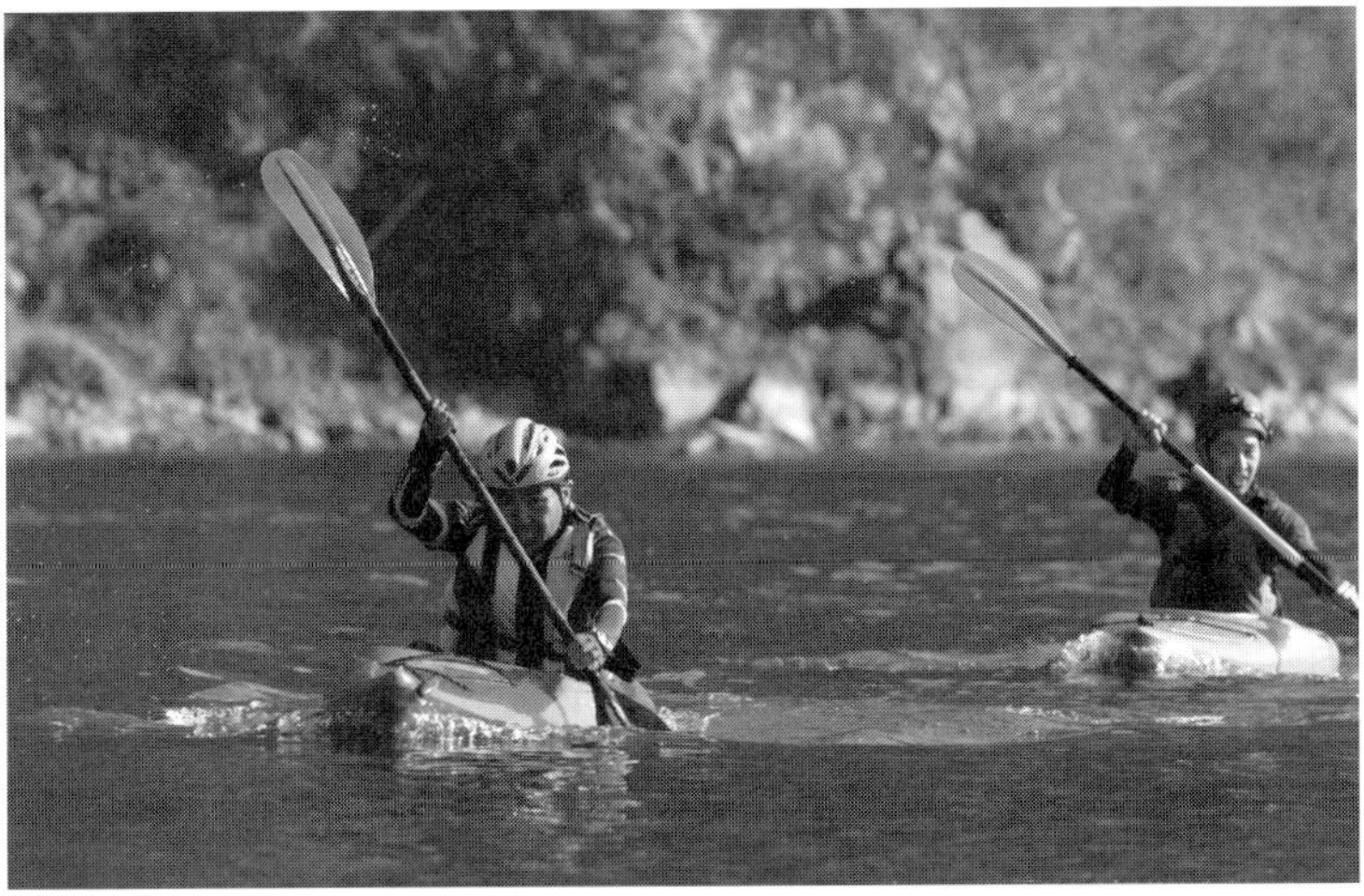

清流那珂川をカヤックでパドリング

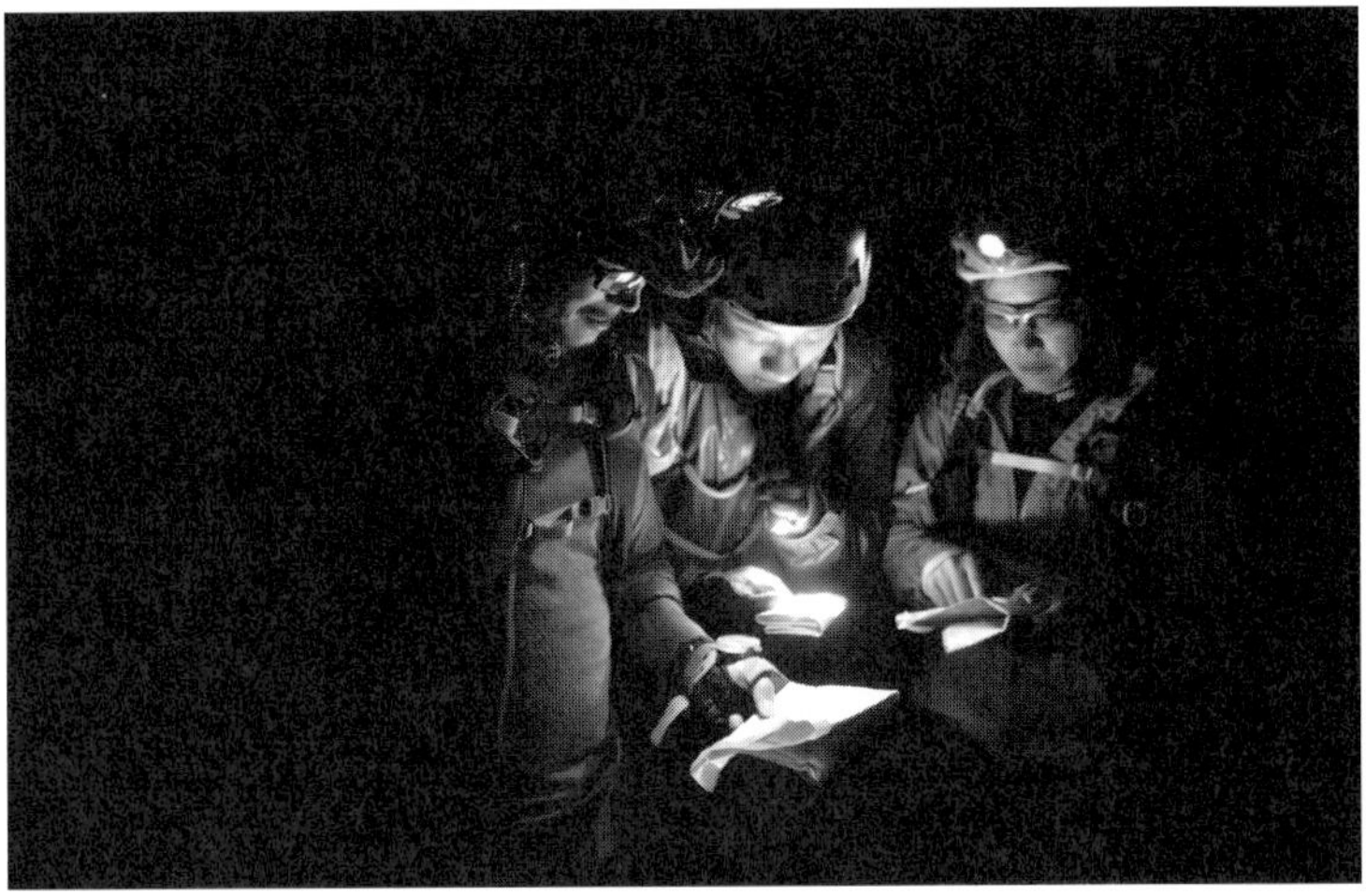

那珂川大会の特色でもあるナイトステージ

漕いだかと思えば、リバートレッキングや川を利用したチャレンジ、里山をマウンテンバイクでひた走りもします。例年、4月のエクストリームシリーズ初戦に行う大会で、桜が舞う那珂川流域で自然とのふれあいを身近に抱くことができます。ナイトステージを採り入れている大会でもあり、闇の中でのナビゲーションの難しさ、自然の奥深さを感じることができます。

また、拠点場所となる大木須《おおぎす》という集落のみなさんが、盛り上げに一役買ってくれています。レース前には、彼らが総出で特製のそばをふるまってくれたり、レース後も、「里山のつどい」という交流行事を催してくれます。ジビエや地元の料理、日本酒などもふるまわれ、地元の人と参加者との交流の場になります。集落の人々にとっても大きな楽しみとなっているように感じます。

集落のみなさんは、年配の方も多いですが、お酒を飲みながら選手を応援してくれたり、時には冗談を言ったりしながら、選手との距離が近いのもうれしいことです。集落自体が「ほたる祭り」や「そば祭り」など、レースの開催時期以外でも、自主的にいろいろな活動を行っていて、活気もあり、大会側としてもありがたいかぎりです。

大木須の人々との座談会は、この章の最後に記載しています。

〈東京都奥多摩町／エクストリームシリーズ奥多摩大会〉

エクストリームシリーズの中では、都心から一番近く、手軽に自然を楽しめる奥多摩。美しい多摩川の渓谷や山里を舞台に、さまざまな魅力あふれるアクティビティを行っていきます。ちょうどレースの時期は、新緑の季節。透きとおるようなグリーンシャワーを浴びながら、奥多摩の山々を駆け巡ります。東京都とは思えないという自然あふれるエリアは、身近な存在である一方、国立公園でもあり、険しい自然と向き合わなくてはならない場所です。カヤックは、この大会のメイン種目にもなっていて、山、川が調和した大会は、初心者にも人気が高く、4大会において一番参加者が多いのも事実です。アドベンチャーレースというと、装備が多いので車での参加ありきのようなイメージもありますが、奥多摩まで電車で来て、マウンテンバイクはレンタルして、レースに臨むという参加者も意外と多いのです。

〈静岡県川根本町／エクストリームシリーズ奥大井大会〉

南アルプスに抱《いだ》かれた奥大井エリア。日本有数の銘茶、川根茶でも有名な地域です。美

奥多摩大会は都心からも近く、参加者が一番多い

多摩川に漕ぎ出す参加者たち

奥大井大会の舞台は大井川上流部

地元のお母さまにおいしいお茶の淹れ方を教わる

しい大井川の上流部にあたり、濃い緑の山々と美しく澄んだ水が広がる、まさに心のオアシスといった地。大自然の安らぎに一息つくことができます。なんだか懐かしさも感じる田舎の風情ですが、大井川鐵道のＳＬの汽笛《きてき》が鳴り、機関車トーマスもやってきて、知る人ぞ知るスポットになりつつあります。寸又峡《すまたきょう》にある「夢のつり橋」や「奥大井湖上駅」はパワースポットでもあり、寸又峡温泉は美人の湯としても知られる温泉です。茶畑と山々の緑、大井川とのコントラストは、まさに絶景です。

このエリアは、お茶の産地ということで、お茶がテーマのチームチャレンジを何度か採り入れてきました。地元の方に、お茶のおいしい淹《い》れ方を教わるチャレンジもありました。ヘルメットをかぶった選手が、クーラーの効いた茶室で、15分間ゆっくりと教わり、落ち着いてお茶をいただく。実にユニークな光景です。ほかにも、利《き》き酒ならぬ、お茶の味を当てる味見クイズ、自力で火をおこしてお湯を沸かしお茶を淹れるといった、地元の特徴を活かしたさまざまな試みをしています。

〈静岡県東伊豆町／東伊豆アドベンチャーラリー〉

海の幸が豊富で、６つの温泉にも恵まれた東伊豆。伊豆というと海にばかり目が向きが

夏の高原で自然を満喫

山の日に開かれる大会には、幅広い層が集まった

ちですが、稲取《いなとり》細野高原は美しいススキが広がる場所です。広大なススキ原を舞台に、子どもから本格派レーサーまで楽しめるアドベンチャーラリーを、毎年8月の山の日に開催しています。かぎられた時間の中でチェックポイントを探し出し、さまざまな課題にチャレンジし、チーム一体となって自然と向き合うこと、それらがアドベンチャーラリーをとおして体感できます。

広大なススキ原は、まるで北海道や海外にいるかのような感覚です。ロケ地としてテレビやCMなどでもよく目にする光景であったりもします。秋にはススキであたり一面が黄金の世界となり、幻想的です。

「東伊豆アドベンチャーラリー」のポスター

東伊豆町の人たちもレースに協力的で、夏の暑い時期の大会ということもあり、レース直後に東伊豆特産のニューサマーオレンジのジュースをふるまってくれたりして、参加者にとっては、至福の一杯となります。

夏休みならではのオプションとして、レース前後に普段テントを張れない場所でキャンプができたり、カブトムシ捕りや満天の星を地元の詳しい人と一緒に眺《なが》める星空観察会なども行いました。この海と山が近いロケーションは、子どもたちにとってもインパクトが強く、いい思い出になっているという声が多く寄せられています。

以上、5つのエリアで、現在は実施しています。次に挙げる地域は、10年間実施した「エクストリームチャレンジin四国の右下」と、新型コロナウイルスの影響でストップしてしまった「やんばる東村アドベンチャーラリー」「エクストリームウィンターチャレンジ信州高山大会」です。現在は開催していませんが、アドベンチャーレースとゆかりの深い地域でもありました。

〈徳島県海陽町／エクストリームチャレンジin四国の右下〉

四国の右下こと南阿波地方は、黒潮の眺めが素晴らしい海岸線と清流、そして多くの大自然を有しています。温暖な気候だからこそ味わえる、ダイビング、サーフィンやシーカ

ご当地キャラも応援に

ヤック、コーステアリング（海岸線の岩場などを進む種目）といった、さまざまな魅力あふれる海のアドベンチャー的アクティビティを体感できます。なかなか行きづらい場所ではあるものの、お遍路《へんろ》さんの巡礼地、四国が舞台となっていることもあり、まさにアドベンチャーレースは、現代版四国八十八箇所巡りといった感じでしょうか。地域としても、体験型観光に力を入れており、アウトドアスポーツはその中心にもなっています。レース後は、地元の地鶏・阿波尾鶏《あわおどり》がふるまわれるなど、地域の特産を味わうことも楽しみとなった大会でした。

〈沖縄県東村／やんばる東村アドベンチャーラリー〉

沖縄の温暖な気候と、真っ青な海。どこまでも続く海岸線、マングローブの生い茂る川。海、山、湖、ありとあらゆるフィールドが、アドベンチャーレースの舞台となり、魅力あふれるアクティビティを体感することができました。本島北部の山原《やんばる》エリアは、沖縄の中でも未開のエリアであり、南国ならではの自然に圧倒されるといっても過言ではありません。

「第６回やんばる東村アドベンチャーラリー」のポスター

パンフレットにあるような、いわゆる沖縄観光とは一味も二味も違った、沖縄ならではの自然そのものを感じてもらうには、最高の場所です。チームチャレンジでは、一面に広がるパイナップル畑にちなんだものや、サトウキビの収穫といっ

スノーシューで勢いよく雪原を行く

た、沖縄ならではの体験がありました。レースの終わりには、参加者全員で、カチャーシー（沖縄伝統の踊り）を踊って締める、というのも、沖縄の風土が育《はぐく》む穏やかさ、晴れやかな心地よさからきているのではないかと感じます。

〈長野県高山村／エクストリームウィンターチャレンジ信州高山大会〉

秘境モード漂う信州高山温泉郷。ウィンタースポーツの聖地・志賀高原に隣接し、開放感あふれる雰囲気が人気の山田牧場。上質のパウダースノーを満喫しながら、サルやカモシカなどの動物に遭遇するかもしれないと期待を寄せるのも、国立公園なら

「エクストリームウィンターチャレンジ信州高山大会」のポスター

ではの楽しみです。牧歌的というか、ヨーロッパのアルプスの田舎にでもいるような感覚にとらわれ、ウィンターシーズンのみの大会ですが、スノーシューで雪原を駆け巡って冷えた体を、数々の最高泉質の温泉が心まで温めてくれます。知る人ぞ知る地域でもあることから、穴場的な場所です。

普段活用されていない場所にフォーカスする

地域のありのままの自然を活かし、普段使っていない里山や林道などがレースのコースとなります。

里山エリアにある林道は、本来は林業を目的として作られたもので、アウトドアに活用することが主たる目的ではないものの、実際は、国内の林業需要が減っている関係で、林道が本来の使われ方を失いつつあります。ただ、そうはいっても、木材を運搬するために、今も新しい伐採道は作られているというのが現状です。

森林を守ることは、その土や水といったものを守ることにもつながります。もちろん本来の使われ方をするべきですが、1年をとおして毎日木が伐採され、木材が運ばれているわけではなく、荒れ果てた道も少なくありません。実際使われていない時には、アドベンチャーレースをとおして使うことにより、その森林を肌で感じ体感し、林道に対する理解を深められる。そういう点も含

林道もまた趣があってよい

めて、大切だと思います。また、国土地理院の地図には載っていて、昔は使われていたと地元の方々もおっしゃるような廃道でも、今は道としての踏み跡がなく、草も生え、藪となっているようなところは多くあります。そういう道でも、通ることによって、地元の人々が往時を思い出したり、再発見したりする機会につながります。

レースの下見などで山に入ると、そのような自然を目にする機会も多く、少しでもアドベンチャーレースをとおして、ありのままの自然を活用できれば、この上ない喜びです。

地域との交流

また、地域交流も重要と考えている点の1つです。マラソン大会などでは、エイドステーションといって、ランナーにドリンクや地場の食べ物がふるまわれたりするポイントが当たり前のように設けられたりもしますが、エクストレモのアドベンチャーレースはさらに充実しているかもしれません。2022年は、コロナ禍だったこともあり、今までと同様にできたわけではありませんが、コロナ前は、レース中にもかかわらず、過疎集落の

レース後の交流会の様子（檜枝岐村）

人々が手作りのそばをふるまいながら、参加者と交流できるチェックポイントがあったりと、自然を体感するだけでなく、エイドステーションのように一瞬で通過することなく、それ以上に参加者と地元の人が交流できる工夫を凝らしています。

レースの課題の中にも、チームチャレンジといって、交流できるミッションを入れたりしています。一応競技なので、タイムを競うことが前提ではありますが、参加者は地域の人々との交流チャレンジを楽しんだり、地域の人も笑顔になったり、それが目的の1つと感じる場面は数多くあります。

レース後は、住民と参加者が一体となっ

た交流会や夜祭りを繰り広げる大会もあり、地元の人も年に1度の地域のお祭りのような感覚で、大会を楽しみにしている人もいます。ジビエのお肉を焼き、お酒を一緒に飲みますが、もちろん、無償提供ではなく、参加者は費用を払って参加します。双方がハッピーになることが理想で、それを目指しています。レースの舞台として、その地域の今ある自然そのもの、蓄積された文化、そして人々のぬくもりを感じられ、参加者だけでなく地元の人も地域の再発見ができます。コロナが収束したあかつきには、また地域の人々や参加者とのプライスレスなひと時が提供できれば、これほどうれしいことはありません。

そして、地域の人と外部の人が交流することで、単に人と人とのつながりだけでなく、うれしそうに地域の自然環境を満喫してくれる人たちが、それを共通の話題とすることで、お互いの理解も深まり、刺激にもなる。経済活動以上に、社会的にも意味があることだと感じています。

地域の特徴を活かしたチャレンジや課題

過酷なアウトドアアクティビティのレースというイメージからはやや異なる、地域とのつながりを感じられる取り組みも行っています。前の項でもふれましたが、レース中には、チームで挑む課題、「チームチャレンジ」という、その地域ならではのさまざまな試みを実施しています。地域の方言、伝統芸能などに関するクイズ、漁港での伊勢海老《えび》のつかみ取り、地元の人の似顔絵描き、地元剣士との対決など、毎回趣向を凝らした内容となっています。アドベンチャーレースは、基本的にはタイムを争うので、「動」の部分が多いですが、このチームチャレンジになると、「静」の部分も体験できる。スポーツには珍しく、動と静の狭間で行うレースという感じです。

また、東日本大震災の年、福島県の尾瀬檜枝岐大会では、レース中の課題として各チームで鶴を折り、全員で作ったその千羽鶴を、サポートしてもらっている檜枝岐村の青年団に、大会後の交流会で贈りました。

ちなみに「チームチャレンジ」という言葉は、日本のアドベンチャーレースの世界では

伊勢海老のつかみ取りに
思わず笑みがこぼれる

地元の剣士と対決！

課題で折った折り鶴は、地元青年団に寄贈された

当たり前に使っていますが、この謎の言葉を使い始めたのは、実はエクストレモなのです。

これらの「チームチャレンジ」は、過去に行ったことを挙げていけばきりがないですが、意外と思い付きで決めることも多く、代表的な例として、

・石の重さを当てるクイズ
・地酒を嗅ぎ当てる（もちろん飲酒は禁止）
・伝統の和紙の紙すき
・昔から伝わる歌舞伎のセリフを覚える
・産地の水を当てる
・休耕地を開墾する
・お祭りでの太鼓の演奏体験
・台風で流された林道の修復作業
・地元の老人会とグラウンド・ゴルフ対決
・鉄道会社の敷地でミッション

などが挙げられます。一部ですが、その時の写真を項の終わりに掲載しておきます。

これら以外に、過去に実施したものを挙げると、「集落の人が作った味噌《みそ》汁の味を比べる」「地域の資料館にてクイズ」「地元にちなんだ昔話を再現したミッション」「地元の方とゲートボール対決」「地元保育園児を一発ギャグで笑わせる」などなど、枚挙に暇《いとま》がありません。

お茶の産地、静岡県川根本町でのレースの項でもふれましたが、地元の方々からおいしいお茶の淹れ方を教わったあと、レースを再開する、という企画も行いました。速いチームも遅いチームも楽しめる、極端にいうと大人の遠足のような感じでレースを構成しています。チャレンジをとおして交流につながっていることもあり、やらされているよりも、お互い自然に関われること、そして参加者も地域の人も笑顔になること、そんな内容を考えています。

休耕地を開墾する参加者たち

祭りで使われる太鼓の演奏体験も

台風で流された林道の修復作業

地元の老人会とグラウンド・ゴルフ対決

鉄道会社の敷地でミッション

石の重さを当てるクイズ

地酒を嗅ぎ当てるミッション。もちろん飲酒は禁止

和紙の紙すきを教わる参加者たち

産地の水を当てるチャレンジ

地域の伝統歌舞伎のセリフを教わるミッションも

地元の人たちの声

レースに関わったエリアの地元の人の声を挙げてみました。ここにあるのは、ほんの一部でしかなく、各地域独特の課題に直面しながらも、アドベンチャーレースをとおして感じたこと、思ったこと、いいことにも悪いことにも向き合いながら、このアドベンチャーレースを受け入れてくれているコメントが多くを占めていると感じています。

「次から次へと来る選手に、ばあやがてんてこ舞いになりながらも、対応したわ。大変だったけど、選手の表情と、冷たい麦茶をあげた時のみんなの喜び方といったら忘れないわ」

——民宿のおかみさん（民宿を巡る村内オリエンテーリングに協力してくれた）

「来年もここをチェックポイントにしてほしい。何もない場所だけど、若い人が来るのが楽しみ」

——チェックポイントでそばを打ってもてなしてくれた集落のおじいさん

「毎年多くの人が来て、自然に共感してくれて、この上ない喜び」

――観光協会長

「このようなイベントを地域として活かさないともったいない。人が来るので、あとはわれわれ受け入れる側が歓迎して、もっともっとイベントを活かしていくことが必要」

――会場となるキャンプ場のオーナー

「選手の人に道を教えてあげたよ。代わりにお菓子（選手の行動食？）もらった」

――子どもたちのグループ

「地元のものでも知らない道を行くとは、よく行くな～！」

――通りがかりの人

「今年もアゲアゲで盛り上げますよ～。元気な同世代の人たちが来てくれるのが何より」

――青年団

「参加者の中から、山が好きで移り住んでくる人が出てくるのを期待している。村の若い衆は、婚活中ばかりや」

――役場の職員

こういったさまざまな声が、地域と外部の人とをつなげる１つのきっかけとなっています。多くの方の声を聞きながら、地域にとって意義深く、そして参加者もこの場所に来てよかったと思われるイベントを目指しています。

レースを主催するにあたって

レースを開催するうえで、一番気をつけていることは安全面です。完璧な安全というのは難しいですが、可能なかぎり１００％に近づける努力はしています。簡単なコースでは参加者は喜びませんし、かといって事故を起こしてはいけませんので、そのあいだの微妙なバランスを目指して大会運営を進めています。参加者のレベルというのはさまざまで、上級者にとっては簡単かもしれませんが、初めての人にとっては、山を下るのも怖い、という話はよくあることです。安全が約束されてこその楽しさであり、苦しさであり、やり

エクストリームシリーズと地域との関連性

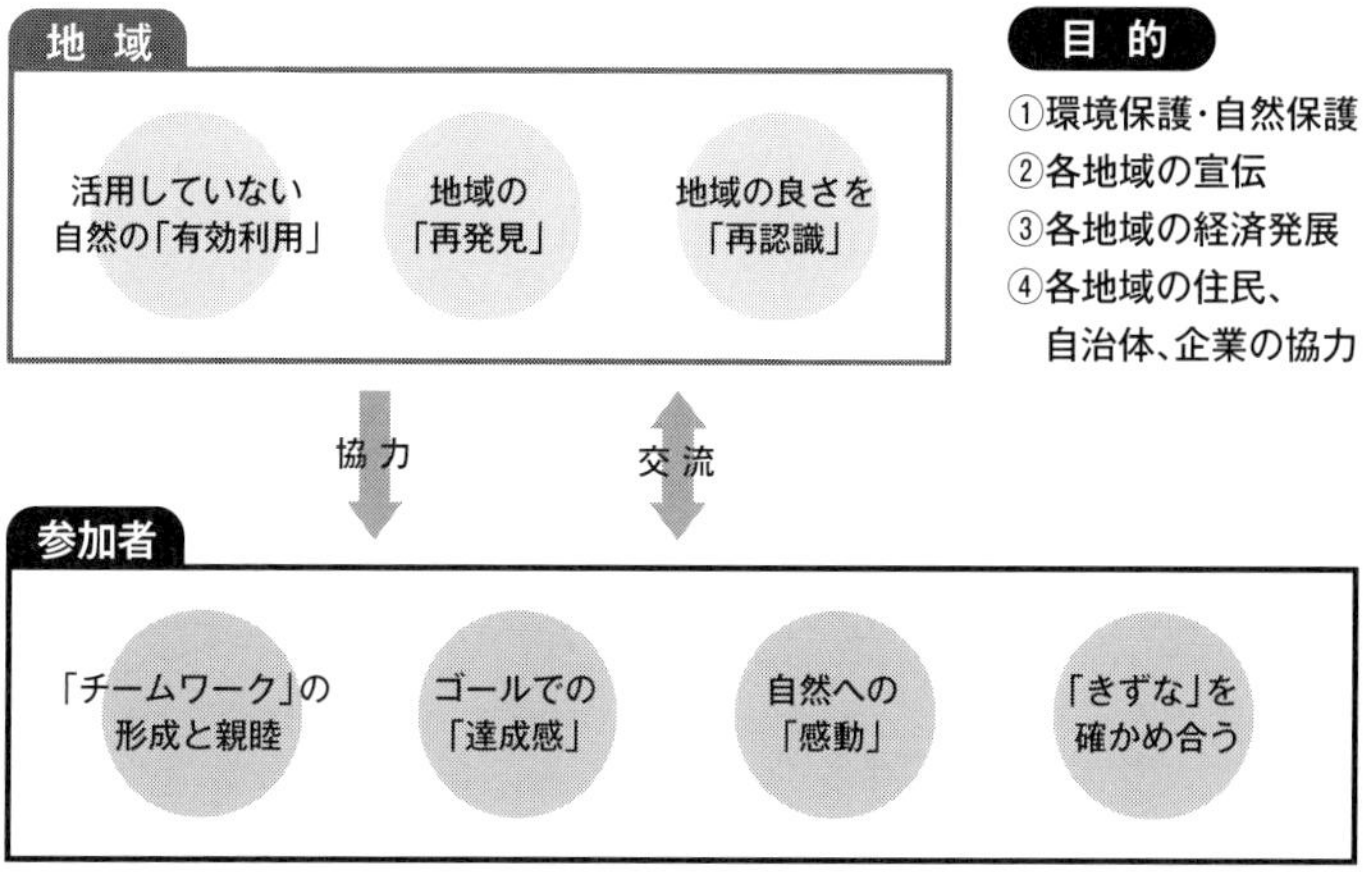

がい、喜びですので、最善を尽くしています。

コースの難易度や予想タイムについては、ある程度の経験から、この条件ならトップはこのあたりでゴールするだろう、初心者チームはこのあたりで迷うだろう、といったことを予想していきます。また全部ではありませんが、試走したり歩いてみたりしています。そこで、現地の様子が、地図のとおりになっていないことに気がついたりもします。事前のシミュレーションをより現実に近づけるようにする。これが絶対に必要なことであり、場面場面をイメージしながら、コースづくりを行っていくことが最も大切なのです。

主催を始めて２０２３年で19年が経ちますが、経験に基づく部分も多くストックされてきています。

安全を担保したうえで、いかに楽しませるか。人と人とをつなげていくか。ここまで述べてきたように、あくまでも安全に開催することが大前提になります。

地域の特徴を活かした関わり

エクストレモのレースは、地元行政や観光協会だけでなく、商工会、農協、漁協、キャンプ場、地元アウトドア事業者などと連携しながら、地域にとって少しでもプラスになる仕組みを共に考えています。

レース後の宿泊や経済活動につながるよう、さらに、レース以外の再訪に、そして地域のリピーターやファンとして定着するよう心がけています。また、アドベンチャーレースが地域の自然や見どころなどをつなぐ「線」から「面」の役割を担っているということは、前の章でもふれました。人が来ることによって生まれる経済効果はもとより、未来を見据えた地域のPR、そして社会的な意義にもつながっていくことが重要となります。

アドベンチャーレースは、あらゆる場所がレースのフィールドになり、地域の特徴を活かしたチャレンジなども採り入れているため、関連するさまざまな組織の協力が不可欠です。種目の組み合わせは主催者のさじ加減により、また、開催地やロケーションによって変わってきます。例えば、トレッキングやマウンテンバイクの延長線上に、ビーチや岩場が入ったりと、違った面白さも感じます。また、地域の人々が自らの地域の魅力を再発見できるような工夫をすることで、スポーツを通じた地域活性化への一助となっているのではないかと実感しています。

参加者側からの見解

参加者（選手）にとっては、チームワークの大切さ、自然への感動をチームとして共有することができ、自身の満足だけでなく、友人や家族と分かち合うことができます。これもまた、個人種目と違って、チームで行うことのいいところだと感じています。もちろん、個人的な自己満足が大きなウェイトを占めているのは事実であり、それも重要です。しかし、チームで動くことによってチームとしての満足感、チーム同士の輪が広がるきっかけにもなっています。

参加者はさらに、自身がやってきたことに対してプライドや自信を持っているので、発信することを好む傾向にもあり、その能力は高く、ＳＮＳなどをとおして、オンタイムに近い状態で外部の人と共有でき、それが地域の魅力発信に間違いなくつながっていくでしょう。

評価

２０２３年で、エクストレモも19年目を迎えることができました。これも多くの方の支えがあってのことです。

地道な活動とはいえ、２０２０年には「第８回スポーツ振興賞・大賞」と「スポーツ文

「第８回スポーツ振興賞」授賞式の様子（前列中央が著者）

化ツーリズムアワード２０２０・スポーツツーリズム賞」をいただくことができました。アドベンチャーレースと地域のつながりを世間に評価されて、うれしいかぎりです。

前述したとおり、アドベンチャーレースを開催するには、地域の理解と協力が必要です。自然環境を使わせていただくことで、地域のために少しでも役に立つこと、少しずつの成果でしかないとは思いますが、人と人とがつながり、今ある地域の資源を活用し、アドベンチャーレースの魅力である究極の自然体験をするために、人が集まってくるということ。そういったところが、賞をいただき、評価された点なのかなど分析している次第です。

〈第8回スポーツ振興賞(2020年)・大賞・受賞〉

スポーツ振興賞は、スポーツや障害者スポーツをとおして健康づくりをし、ツーリズムや産業振興、地域振興（まちづくり）に貢献されている企業や団体に贈られる賞です。地域とのつながりをコロナ禍でも絶やすことなく実施し、ありのままの自然を楽しみに来る人がいること、そして地域の人もその土地の魅力を再発見できること、そういった面を評価していただき、大賞という大きな賞をいただくことができました。

〈スポーツ文化ツーリズムアワード2020・スポーツツーリズム賞・受賞〉

スポーツ庁・文化庁・観光庁が共同で主催し、スポーツや文化芸術の資源の融合により、新たに生まれる地域の魅力を発信し、国内観光の活性化を図るための「スポーツ文化ツーリズムアワード」において、「スポーツツーリズム賞」を受賞することができました。

あるがままの自然や文化が、工夫次第で立派な資源となる。

スポーツ文化ツーリズムアワード2020
【スポーツツーリズム賞】入賞

（申請団体）
有限会社エクストレモ

あるがままの自然を活用したアウトドアスポーツ“アドベンチャーレース”を全国で展開

取組概要

アドベンチャーレースは、3~4名が1チームとなり、様々なアウトドアアクティビティ（トレイルランニング、トレッキング、マウンテンバイク、カヤック、オリエンテーリング）を駆使しながら、チームで協力してゴールを目指していくレース。
アウトドアスポーツの愛好者を始め、親子や初心者向けのレースまで幅広く開催しており、多くの人にその地域の自然や人との触れ合いを体感してもらうこと、アウトドアスポーツの裾野を広げることを目標に、地域交流や地域活性に貢献していくということを目的として展開している。

評価ポイント

- 参加者の幅が広く、地域との連携、自然の活用など総合点が高い。
- インバウンドが復興した際には、大きく着目されるジャンル。地域との連携や、単発で終わらない運営を評価。
- 独創性や、地域との繋がりがあり、今まで活用されていなかった中山間地域を含めた中小地域を活用できる将来性を評価。

「スポーツ文化ツーリズムアワード2020」で「スポーツツーリズム賞」を受賞

地域の交流をとおして、お互いわかり合えることで、自らの地域に自信と誇りを持ってもらう。今後も、アドベンチャーレースをとおして、伝えていきたいです。

【座談会】エクストリームシリーズ那珂川大会会場・大木須集落の方々

参加者：（一般社団法人里山大木須を愛する会に全員が所属）

川野邉眞さん（会長）

堀江一慰さん（事務局長）

堀江恭一さん

堀江功一さん

川堀文玉さん

小室悟さん

大山晋作さん

永山哲夫さん

※座談会は敬称略

――まず、このエクストリームシリーズに関わることになったきっかけを教えてもらってもいいですか？　もう、10年ぐらい前になると思うんですが。

会長　10年どころでないんでないか。ひのきや（施設の名前）からスタートした時でないか。

功一　そうそう、ひのきやをスタートして、大木須を折返しにして、まっすぐ帰るはずたったのに、スタッフさんが探しに行ったら温泉にいた、なんてこともあったな（笑）。

――最初に、私からアドベンチャーレースの話をした時に、受けてもいいかなと思ったのはなぜですか？　その時も、普通のチェックポイントではなくて、おそばを出してもらったり、「おもてなしポイント」のようになっていったと思うのですが、そこまでやろうと思ったきっかけを教えてもらっていいですか？

会長　結局、このあたりって、那須烏山のはずれでさ、何の注目もされないところだから、交流人口っていうことも含めて、そういう（アドベンチャーレース）のが来るっていうのには興味があったんだよな。

功一　人に来てほしい、何かないかなっていうのはあったかな。何もしなければ来ないもんね。

会長　そばは、俺らの自慢だから、そういうのを印象づけるために、地域の宣伝みたいなもんだな。で、たまたま役場のほうにも知り合いがいたんで。盛り上げるためにもやってくんないかな、ということになって。

——宣伝的な部分と、交流人口を増やすっていうのがあったんですかね？　お金に換えられない部分というか。その後、大木須が拠点場所となって、10年近く経つと思うんですが、大きな駐車場など設備が整っているわけでもない中、レースのチェックポイントとしてではなく、大会会場として受け入れようと決断された理由は、何だったのでしょう？拠点となると、大変な部分も増えると思うんですよね。

会長　古民家を維持しながら、少しでも収入があればいいなというのはあった。都会の人に利用してもらいたかったし。今は、選手がレース以外でも個人的に来てくれるようになればいいなという思いは、常に持ちながらやってます。

——古民家を作っている時から、大会に関わっていただいていました。そのあいだは、集会所にも選手が泊まれるように整えてくださるなど、正直言って、お金の面だけ考えると、利益が上がるほど儲かってないと思うんですよね。それなのに、レースに関わり続けてくださっている理由を教えてもらえないですか？

大木須で振る舞われるそばは大好評

事務局長　後々の交流人口、今も、レースの下見や、終わったあとも自転車の練習に来ているような人もいて、そういう人が泊まってくれたりするとありがたい。若い大学生とも連携事業をやっているけど、自転車を止めるラック台も、彼らが作ったんだわ。こういう大会をやっているからって話したら、学生が作ってくれた。要は交流人口が増えることが、地元にとって大きい意味があるし、1人でも多くの人が来てくれればありがたいからかな。

会長　マメに足を運んでくれる人が増えていけばいいよね。

小室　Mさんみたいに、年何回か通ってくれる人もいるよね（笑）。

会長　今の時期（コロナ禍）だから来てないけど、Mさんなんか家族みんなで来てくれて。

功一　そういうのを考えると、やっぱり大会はやってほしいよね。

——単発のイベントだと来る人もかぎられてくると思うのですが、きっかけにはなっているんですかね。年間をとおして、そういう人も来てくれたりするということは。

会長　まあ銭金の問題ではないけど、なるべくなら赤字にはしたくないね。

川堀　大木須の応援団になってもらいたいよ。選手も来てくれる人もみんな。ここに足を運んでくれて、レース以外の、例えばほたるの時期なんかも、1カ月ぐらいあって、われわれも毎日おしゃべりして楽しんでいる。そこに遊びに来てほしいよね。

——それこそ、ほたるのこととか、そばの収穫のこととか、選手に発信することはいくらでもできるので、もちろん来る来ないは別にしても、レース会場になった地域で、今こういうことやってますよと発信していくことは、今後、大木須のファンを増やしていくのにも意味があるかなと思います。

事務局長　それこそ、大木須では春夏秋冬いつでも、古民家のよさにふれることもできちゃうことを、ぜひPRしてもらいたいなっていうのはあるね。さっき言ったように、自

桜の中を勢いよくスタートする様子

転車で2、3人のグループで来ているような人もいるんだよね。

功一　ツインリンク茂木《もてぎ》（お隣の茂木町にあるサーキット施設）があるから、そこを発着で来るような人もいたりして。あと、栃木県はプロの自転車チームがあるように、宇都宮市は自転車のまちづくりもやっているんだよね。烏山までは遠いからって言われたりもするけど、山あげ会館（市の施設）には自転車用のラック台も置いてあるんだよね。そういうので、自転車という共通項でつながりができればいいかなと。あと、われわれみたいな地域業をやるには、「若者がいた、バカ者がいた、ただよそ者がいなかった」んだよね。それがいい地域活性化に必要なことと書いた人がいるので、それを見て頑張っていこうと思った。

川堀　よく言うべ、若者、バカ者、よそ者（笑）。

功一　若者（座談会に参加している彼らのこと）も年取ってきちゃったけどな（笑）。

――みなさん、すごく仲がいいというか、団結心あるじゃないですか。秘訣みたいなものはあるんですか？　エクストリームもそうですけど、何かをみなさんが発信しているというか、力強さを感じますよね？

川堀　我部さん、もう20年近くになるんか？

――エクストリームは（座談会時点では）18年目です。

功一　となると、16年ぐらい関わっているってことか。役場の職員も出てたよね。

川堀　Kくんとか出てたよね。最初の頃は役場チームが2チームぐらい出てた。あの時は、和の道（那須烏山市と茂木町を結ぶ自然豊かな道）のほうまで行ったりして。

会長　出てたよ。

――1年目は烏山町で、2年目から合併して那須烏山市になりました。大木須にいた地域おこし協力隊の人とかも出ていましたよね？

――出るってハードル高いかもしれませんが、身近な人が出ると応援するし、楽しい。や

っぱり醍醐味として大きいのは、交流人口を増やすというか、人と人とのつながりが広がっていくってところですかね。ちなみに、古民家は何年目になりますか？

会長　平成27年の6月だから、7、8年になるかね。

恭一　丸々7年だよ。

――レース当日は泊まっていると思いますけど、さっきもおっしゃっていただいたように、練習する人にも泊まってもらえるようにしたいとか、今後こうしていきたいこととかあります？　古民家を活用して、レースもそうですが、学生さんの研修なんかも含めて。

事務局長　イベント的に、農作業のお手伝いは面白いかもな。田植えは無理かもしれないけど、草取りなどの作業があるんだよね。

会長　うちも養蜂《ようほう》やってたりするんで、蜜《みつ》を採る現場とか見ることができるよ。

――私も若いとは言えませんが、こういうことを、若い人たちというか、そういう人たちが関わっていくというのが、意味あるってことですよね？　今後、エクストリームの那珂川大会に要望があれば、教えてください。

会長　今の感じでいいんでないのかな。

大山　宿泊してくれる人を増やしたいです。レースの時は、テントの人はお風呂なしにしてもいいかな。お風呂は、5人で5分で交代というのを、夜の1時くらいまでやっているんだけど、さすがに古民家に泊まってくれている人に申し訳ないかなと。

会長　前回、外にお湯張ってたけど、かぶった人いるのかな。やっぱり4月だと寒いわな。

川堀　前回は、お湯沸かして、行水《ぎょうずい》だけできるようにしたんだよね。

——コロナが終わって、宿泊者が増えそうなら、前やっていただいたように、仮設でシャワーを作ったりする予定ですか？　キャパの中でやるほうが理想的ですかね？

会長　仮設はどうしても費用が高くってな。

——こちらも、（レースのチャレンジで）大木須のみなさんの似顔絵を描かせてもらったり、いろいろ交流できるような試みを入れたり、しょせんきっかけにしかならないかもしれませんが、地域交流をするということでは意味があると思いますので、これからもやっていきたいな、続けていきたいなと思ってます。

事務局長　ところで、烏山以外の大会もやっていると思うんだけど、他のところの絡みとかってどうなの？

永山　人気というか、盛り上がりというかだよね。

――ここと檜枝岐は、終わったあとの夜祭りみたいなことはやってます。あと、奥多摩は近いんで、日帰りで電車でも行けてしまうので、初心者の参加は多いですね。檜枝岐は、コロナで2年空きましたが、今年（2022年）は10月に最終戦をやってます。

恭一　じゃあ、終わったばっかり？

――10月1日が最終戦だったんです。

川堀　今年は行っていないんだけど、檜枝岐には毎年行くんだよ。燧《ひうち》の湯の近くに泊まるんだよ。

――その奥に、中土合《なかどあい》公園って公園があるんですけど、そこがスタート地点になります。今年は、コロナのこともあったんで、レース後の夜祭りはやらずにレースだけだったんですけどね。

恭一　あそこはいい環境なんだよね、駐車場があるとかさ。

――中土合公園にもありますし、隣りのミニ尾瀬公園にもある。そこに選手は駐めています。中土合公園の駐車場はどうしてもレースの会場で使ってしまうので。

川堀　ただ、レースの難易度は簡単なんだって言ってたよね？　山深いし、クマもいたりするし。

会長　山奥すぎて、とんでもないことになるからな。

――夜祭りがあるので、あまり遅くにはできないし、ここの那珂川大会は夜がメインの位置付けになっているので、遅くなっているのですが。

（一同笑）

――いつも夜がエンドレス的な感じになって申し訳ないです。

小室　ついつい、最後までいちゃうんですよ、楽しくて。選手と話したりしているうちに。

（一同笑）

恭一　実際、夜やるパターンってないわけだから、そういう意味では、ここでやってもらっている意味ってあるんじゃないかなって思うよね。

川堀　コロナ前までは、俺らも夜の12時まではいたんだけどな。

会長　今じゃ、体力が持たねーな。

――リピーターの人たちは、那珂川大会が多いかもしれないですね。わかっているので。ただ、初心者とか、とりあえず出てみようといった人は奥多摩とか近場ですね。まあ、どうしてもそうなっちゃうと思うんですよね。

「里山のつどい」を楽しむ参加者たち

川堀　今年は茨城のKチームは来なかったんだよね。

会長　茨城の人、今年来なかったんけ？

事務局長　選手にアンケートとか意見聞いたりしていると思うんだけど、要望とかあるんかなと思って。

――アドベンチャーレースに挑戦するだけで、ハードルが高いじゃないですか。まず、そこをクリアすることが最初であって、その後の楽しみというか、それは次のステップですね。年を重ねるにつれ、レース中フラフラだった人も、次の年になったら余裕ができたりして。やっぱり続けていくということに意味があることだと思います。今まで奥多摩大会しか出てなかったのに、今年は那珂川大会にも出てみようかとか。もちろん、参加者の増減はありますが、シリーズ戦を開催することと、続けていくことが意味のあることだと思っています。

川堀　夜がメインのレース（ナイトセクション）としても10年ぐらいになるんだっけ？

――10年ぐらいになりますね、開催した半分ぐらいはナイトセクションが入ってます。

事務局長　俺らからしてみれば、夕方6時ぐらいまでに帰ってきてさ、それから9時頃上がってもらえれば、うれしいけどな（笑）。

――そうですよね。他の大会は川があって、山が急だったりして、ある程度、体力重視的なところもあるんですよね。ここは、里山で、小さい山がいっぱいある。地図を読むのがすごく難しいです。パワーだけでなく、他の要素で勝てたりして。

川堀　同じような山、続いているもんな。最高でも標高360mぐらいだもんな。

功一　ナイトは目玉ということだし、イノシシはいるけど、クマはいない。

川堀　茨城県の隣町は、サルが住み着いたらしい。家の庭にいるんだよ。

恭一　それはびっくりだ。荒らされちゃうわな。

（このあとも歓談は続きました）

――本当にみなさんが盛り上げてくださるおかげで、レースがいいものになっている。本当に感謝しております。これからもよろしくお願いいたします。

【対談】東伊豆町・元観光商工課（現総務課）職員・遠藤尚男さん

――最初は、OMM（Original Mountain Marathon）からの出会いですよね？

OMMを最初、東伊豆でやるというのは、どういう流れでしたっけ？

――2014年ですね、最初の開催は。伊豆急行さんに知り合いがいて、伊東市と東伊豆町を紹介してもらって、一緒に来たんですよ。で、東伊豆町さんのほうが開催に積極的で、東伊豆で単独開催でやろうとなったのが、最初です。決まってすぐに遠藤さんに担当が変わって、開催に向けて、となった感じですかね。私自身は、その年にイギリスに行って、OMMの洗礼を浴びてきました。東伊豆でのOMMは1回で終わったけれど、その後、東伊豆アドベンチャーラリーをやらせてもらって、もう、7回やってますね。

そのあいだ、石井スポーツさんのイベントも、やっていただきましたね。

――そうですね、3回やりました。石井スポーツの担当の人は、またやりたいみたいですよ。先日も連絡をもらいました。8年ぐらい関わらせていただいて、お互い年もとりましたね（笑）。個人的には、家族でも東伊豆に来させてもらったりして。

いや、ホント来てもらってありがたいですし、こちらも東京に行った時に、懇親会を開いてもらったりとか、ありがたいです。

――個人的にもつながっていくのが、うれしいです。

正直、もうちょっと、地域に根づかせたいのもあって、本当は「ぷちアド（ぷちアドベンチャーゲーム）」みたいなのを、東伊豆の小中学校でやったり、稲取高校がやったりとかいうのもありかと思うんですよね。

――コロナで一時期、学校行事で移動がダメみたいな風潮があったじゃないですか。その時は、学校の周辺とかで「ぷちアド」やったり、校舎の中でやったり、今までそういうパターンってあんまりなかったんですよね。実際、地元にいても知らないことってあるじゃないですか。でも、第三者が考えるから、見えないことが見えたり、こういうところにこういうのがあったんだとか、気づきますよね。

我部さんの考える、東伊豆アドベンチャーラリーにしても、仕掛けが面白くて。特にコロナ禍で、子どもたちは遊び方を知らない、地域のことを知らない、などあると思うので、「ぷちアド」みたいな企画とうまく組み合わせると面白いですよね。田舎の町の学校でも、より面白い仕掛けはできるのかなと思って。

――ホント、東伊豆アドベンチャーラリーなんか、地元の小学生とか家族で参加したら面白いですよ。細野高原は行ったことあるかもしれないけど、本気で回ることって、たぶんあまりないじゃないですか？

今年のアドベンチャーの迷い方はすごかったですね（笑）。ゴルフ場に行ったりとか、終了時間間際に反対方向へ行ったりとか。

――体力には自信があります、上位に入りますって言ってた学生がそうでしたもんね。でも、苦労して、いろいろな場面場面で考えて、動いていくことこそ、これからの人生に役に立つ、まさに社会勉強ですよね。

ところで話は戻りますが、ＯＭＭが終わって、翌年から東伊豆アドベンチャーラリーをやろうってなったわけじゃないですか。規模もＯＭＭに比べたら小さいし、なぜ、やってもいいかなと思ったんですか？

理由は正直言うと、あんまりないんですが。ＯＭＭが小さな町で引き受けるには弱くて、反省するところも多くて、もっと職員を出していろいろなことへのケアをしなくてはいけないというところもあって。ただ、完走率が低かったにもかかわらず、選手もスタッフもみんな喜んでて、このアドベンチャーレースの世界って、なかなかお役所の仕事では感じられない達成感というか、みなさんの情熱にふれることができたというやりがいもあって、この人たち本当にすごいなと思いました。幸い上司も評価してくれて。アジア初開催を、我部さんが先頭に立ってやってくれたというこのイベントを、次回以降つなげられるものになればというのもあって、かな。

――実際、東伊豆アドベンチャーラリーもそうですし、石井スポーツさんもそうですし、でもやっぱり、その中でも東伊豆の人が、おもてなしも含めて、気持ちよくやってくれて、すごくインパクトもあったので、続けていこうとなったんですよね。正直言って、OMMって、行政から最も遠いイベントって感じじゃないですか。

けっこう、リスクありますからね？　そこがアドベンチャーの世界の面白いところですよね。

――OMMの第1回の時は、あのイベントが日本にはなかったので、2回目以降は、参加者の層も変わっているんですよ。あの時は、瞬間でエントリーも埋まったんですよね。翌年からは、地図を読むのが好きな人とかキャンプが好きな人とか、年々ある程度精査されてきて。それも、東伊豆で開催した第1回のOMMがあったから、今に続いているのはありますよね。

1日目のスタートが、天候が悪くて霧もすごく、ひどい状態で、夕方、ゴールする時には天候が回復して、夜は満天の星空で、2日目は快晴で、本当にドラマのような感じでした。これが逆だったら、ひどいことになってたと思うんですが。天候も含めて、みんなに満足していただいた、その時に撮った写真がホントみんないい顔していて。

——大変なことをしているはずなのに、いい顔してますよね。

ああいう体験をしちゃうと、うれしいですよね。OMMの時は、金目鯛《きんめだい》の味噌汁とかふるまったんですけど、本当にみなさんに喜んでいただいて。

——なんか、東伊豆のすごいところは、言い方は失礼かもしれませんが、何でもウェルカムみたいな。その懐の深さって、どこから来るのでしょうか？

そうなんですかね？

——選ぼうと思えば選べるし、正直、面倒なものはやらないって言ってもいいわけではないですか。だけど、いろいろなジャンル、テレビや映画の撮影、野外フェスとかも含めて、受け入れることはすごいなと。

そういうつもりはないんですが、新しいことは面白い、盛り上がることは面白い、って風潮はあるかもしれないですね。ただ、長続きしない、飽きやすいってところもあるん

広大な緑が続く東伊豆のコースは参加者を魅了してやまない

で（笑）。東伊豆アドベンチャーラリーが長続きしていて、本当にありがたいです。もっと参加者が増えてもいいかもしれないですね。でも、増えすぎちゃっても大変ですかね。

――人数が多ければ多いで、運営としては大変なこともあります。選手にとっては、夏休みの行事として定番化している。リピーターも多いので、それはうれしいですね。

前泊でテントを張っている参加者家族と一緒に流れ星を見たりして、地元にいながら感動したなんてこともありましたね。こんな機会に立ち会えてうれしいなと。

――以前はオプションで、カブトムシ捕り

も行っていて、参加者の子どもさんたちも来てくれましたよね。子どもたちにとっては、発見したりとか、遊ぶことについて、家が東京だろうが東伊豆だろうが関係なくて、親から連れてこられたところがたまたま東伊豆で、大人が知らないところで、勝手にやっている。それってすごくいいことですよね。大人はどうしても先入観を持つところがある。それに対して子どもたちには、カブトムシ捕りなどと絡めて、生きた自然を体験できることが絶対いいですよ。

あの、オプションは、なかなか面白かったです。マットを敷いて、寝っ転がって星空を見たりとかもよかったです。子どもたちと家族の思い出づくりのお手伝いをできることが、本当にうれしいですね。

――遠藤さんがさっき言った、地元にいながら感動するって、すごいことだと思って。われわれにとっては、お客さんからはお金をもらっているから、それを提供するのは当たり前のことです。でも、受け入れてくれる地元の人もそういうことを感じてくれるのは、個人的には大きいことなんじゃないかなって思います。

地元に住んでいると海のありがたみも山のありがたみもあんまり感じなくて。海の幸も山の幸も、その時期になったら当たり前に食べられて。贅沢なんですが、当たり前のことが忘れられていて、そういうことを再認識できる機会になっているのかなとも思います。

――東京に住んでても、そうですよ。私なんか、スカイツリーのおひざ元に住んでますけと、スカイツリーに上ったことないし（笑）。意外とそういうもんですよね。イベントがきっかけで、いろいろな人がプラスになってもらえれば、よりいいです。

よく、テレビやCMの撮影の話をいただいた時も、いいところで撮りたいのはもちろんですが、最終的には、人の気持ちなので、遠藤さんのところに来るとすごくよくしてくれるとか、対応がいいとか、おいしいものを出してもらえるとか、そういうところで、お陰様で選んでもらってます。1回来てもらえたら、何回も来てくれたりもしますね。元々は、東伊豆を知ってもらいたいという思いから始まりましたが、今では、伊豆エリアに来てもらうきっかけになればなと思ってます。純粋に来てもらえることがうれしいです。

――四季があるから、アドベンチャーラリーの夏と、10月の今の時期ではまったく違う風景だろうし、そのあたりの企画を練ることができれば、いろいろ広がりそうですよね。エクストレモも少しでも力になれるよう頑張ります。また、これからもよろしくお願いいたします。本日はありがとうございました。

第3章

エクストレモ誕生のビフォー&アフター

筆者とアドベンチャーレース

この章では、私、我部乱が、どのようにしてアドベンチャーレースと出合ったかを述べることとします。いきなりアドベンチャーレースとつながったのではなく、段階を踏んで、多くの人とのつながりを得て、現在に至っています。

ただ、最初は、アドベンチャーレースの「ア」の字も知らなかった私が、アドベンチャーレースと出合うにあたっての一つひとつのステップこそが必然でもあり、回り道でもあり、最終的には1本の道につながるべきものだったのではないかと感じています。

子ども&学生時代

私は東京生まれの東京育ち。決して自然が多いとは言いきれない環境の中で育ちました。幼少期は、毎年夏休みに母の実家のある愛媛県に行っては、瀬戸内海の海で沖まで泳いだり、ゴムボートに乗ったり、裏山で探検ごっこをしたり、セミを捕ったりと、1日中外で遊びつくしたことが、アウトドア好きになっていった原点かもしれません。

スポーツは、小学校と中学校で軟式野球、高校で硬式テニス、大学ではボート（漕艇《そうてい》）と、いわゆる体育会系の学生時代を過ごしてきました。ただ、スポーツ強豪校に在学したわけでもなく、誰が見てもスポーツマンという風貌《ふうぼう》でもなく、成績を残しているわけでもなく、ごく当たり前に部活のある学生生活を送っていたにすぎません。

ただ、常にスポーツが身近にあった10代を過ごしていたことには違いありません。また、スポーツはやる以外にも、野球、サッカー、アメリカンフットボールなど観ることも好きでした。

大学時代のボート部では、埼玉県の戸田市で合宿生活を送り、早朝4時半に起床して、朝練。大学に行ったあとの夕方、また戸田に戻って練習という日々を過ごしていました。付属高校から大学に進学したので、7年間吉祥寺に通っていたのですが、親からは〝戸田大学〟に通っている、と言われたほどです。

ただ、合宿生活というのは、否《いや》が応《おう》でも部員たちと同じ釜の飯を食べるということで、仲間意識は強くなり、当時は当たり前のように思っていました。今思えば不思議な感覚でした。

また、ボートを漕ぐという行為に、競技こそ違うものの、水上スポーツも組み込まれている点では、アドベンチャーレースに通ずるものを感じますし、チームワークや呼吸感を重視するスポーツということにも共通性を感じています。

旅行会社ＪＴＢに入って

１９９８年に成蹊《せいけい》大学を卒業後、ＪＴＢ（当時の日本交通公社）に入社。千葉県内の支店に配属されました。とにかく入社してからは、法人の新規営業といっても、いわゆる飛び込みセールスを行う日々。根性と突き進む力だけはあった（と思っている）私は、工場や小さな会社などをひたすら回り、時には1日中ママチャリを漕いで（もちろんスーツで）、片道10キロもある顧客のところに行ったりもしました。

自身で獲得した顧客に対して、職場旅行や町内会の旅行の企画などを提案し、規模は小さいながらも、数は誰よりも受注し、年間約１００本のツアーに携わっていました。

この頃から、先輩から引き継ぎを受けた顧客よりも、自身で新しく獲得した顧客に対して人間関係を築いていくことの面白さ、自分の色を企画に出していくことの楽しさを学びました。ゼロから1にすることは何よりも難しいとはいえ、できた時の喜びややりがいといったものを、JTB時代に身に染みて覚えた気がします。

そんな中で、やはりスポーツに関わる旅行を手がけたいという思いを入社当時から持っていたこともあり、トライアスロンとオーシャンスイム（海で長距離を泳ぐマラソンスイミング）の新規開拓に取り組み、主催者の方と連携することができました。現在でも、ある主催者とはつながっており、アドバイスをいただいたりすることもあります。

北マリアナのトライアスロン大会のツアーや、日本全国で行われているオーシャンスイムの宿泊やツアーの斡旋《あっせん》、千葉県内で行われているトライアスロン大会での宿泊手配など、スポーツに関わることで、好きなことを仕事にもでき、やりがいを感じていました。

JTBに在職した4年間は、後輩が入らず、一番下のポジションで上司や先輩方にかわいがられながら、のびのびと仕事ができたことも大きかったと思います。

旅行会社での仕事に不満はなかったのですが、頭のどこかで、10年後、20年後の自分を考えた時、このまま会社勤めを続けて、旅行を売って、少しずつ役職も上がって、そういうことが自分の生きがいとして感じられるのか、本当にそれでいいのかという自問自答を繰り返し、自身の可能性をもっと広げられるのではないかと思うようになりました。

ボート部の先輩が、ＪＩＣＡ（国際協力機構）の青年海外協力隊に行っていたこともあり、自分自身をさらなる刺激のある世界に置くことが、次のステップにつながるのではないかという結論に達し、４年間でＪＴＢを退職し、青年海外協力隊に参加しようと決意するに至ったのです。

コスタリカへの船出

青年海外協力隊の試験に合格し、２００２年に赴任したのは中米のコスタリカ。私に与えられたのは、村落地域の観光開発という、何もない僻地《へきち》でのミッションでした。最初は、トライアスロンの大会をやれば、観光振興につながるだろうと意気揚々とコスタリカに向かったものの、赴任先のサベグレ川流域エリアは、まず舗装された道路がなく、土や砂利《じゃり》の道のみ。周囲はパームヤシのジャングルが一面に広がり、海も太平洋に面している

コスタリカではセアカリスザルに会うこともできる

美しい鳥が数多く生息しているコスタリカ（写真はニショクキムネオオハシ）

ため波が高く、泳ぐというよりはサーフィンにベストな状態で、とてもトライアスロンができるような環境ではありませんでした。

ちなみに、コスタリカという国は、ワールドカップサッカーで日本の対戦国になったように、サッカーに関しては、よく耳にする国名かもしれません。中央アメリカの南部に位置し、北はニカラグア、南はパナマに面し、太平洋とカリブ海に挟まれた、小さな国です。四国と九州を合わせたぐらいの面積ですが、海抜ゼロメートルの海から、富士山よりも高い３８２０ｍの山があるように、さまざまな自然環境が存在するのが特徴でもあります。

一帯に広がるパームヤシのジャングル

2003年、アドベンチャーレース参加時の著者（右）

そういったことからも、多種多様な生物が生息しており、「エコツーリズムの聖地」といわれるようなところもあります。地球の鳥類全体の10％の種類がいたり、野生動物の宝庫といえるほど、国土の4分の1が国立公園や自然保護区に認定され、例年300万人という、コスタリカの人口にほど近い観光客が訪れる国でもあります。

また、国が非武装中立を宣言しているため、治安のよくないイメージのある中南米の中でも、比較的安全といわれています。

「Pura Vida（プラヴィダ）」という、何とかなるさ的な、何でも使えるあいさつがあるぐらいで、ラテンの国ならではのある意味適当（って言ったら怒られますが）で、のどかで、ゆったりとした時間が流れている国でもありました。

　私は、コスタリカの中部の太平洋に近いサベグレ川流域にある、人口５００人のシレンシオ村という、パームヤシに囲まれた村にホームステイしながら、活動を行っていました。仕事はプロジェクトの一環としてのもので、サベグレ川流域の村落開発を行う中で、さまざまなサポートをしていくことでした。小学校でパソコンを教える人、環境について現地の人と一緒に考える人など異なる職種の人と連携しながら活動し、私は観光業という職種で、観光開発に携わりながら、プロジェクトに関わっていた感じです。

　そのプロジェクトは、ＪＩＣＡが入っていることもあり、現地には日本人も何人かいました。スペイン人のお役人さん、現地のコスタリカ人、いろいろな立場の人がいる中で、村落開発といってもやることが決まっているわけでもなく、さまざまな人にアプローチしながら、関わっていったのです。

コスタリカで初めてアドベンチャーレースを開催

コスタリカでアドベンチャーレースに出合う

コスタリカでは、ボーっとしていればボーっと過ごせる環境でもありましたが、私にとっては試行錯誤の毎日でした。何かをかたちにしたい、自身でもコスタリカに爪跡を残し、これをやったという自信を持ちたい。そのような中、いろいろ考えていくうえで出合ったのが、アドベンチャーレースでした。トレッキング、マウンテンバイク、ラフティング、シーカヤックなど、海、山、森というかジャングル、まさに自然を活用するにはもってこいのフィールドが目の前にはありました。

そして、小さな国にもかかわらず自然のスケールが大きい。私自身も、コスタリカで行われていた数少ないアドベンチャーレースにコスタリカ人と参加し、初めて、アドベンチャーレースの辛さ、深さ、面白さを体感し、その中でも特に、チームでの協力が不可欠となることを肌で感じました。スペイン語もまともに話せない時期に、マウンテンバイクで急坂を励まし合いながら登り、夜道をヘッドライトの光で進む。体験したことのない世界がそこにはありました。

サベグレ川に漕ぎ出すラフティングボート

それから、青年海外協力隊の仲間をなかば道づれにするような感じで、コスタリカ国内で参加できる大会にはほとんど参加しました。そして、赴任地から一番近い町ケポスにあるラフティング会社と一緒に、大自然を活用したアドベンチャーレース「セントラル・パシフィック・チャレンジ」を赴

「セントラル・パシフィック・チャレンジ」のポスター（左は2003年、右は2004年のもの）

任1年目で開催することができました。

さらにスケールの大きさと、より活動エリアの自然をアピールし、サベグレ川流域ならではの空気感を肌で感じられる大会にすべく活動を広げていき、帰国直前に2度目の大会も開催することができました。2大会とも、コスタリカ人が参加者のほとんどを占める中、1回目も2回目もはるばる日本から来てくれた選手がおり、その中には、トライアスロンの元オリンピック選手や、有名な女性登山家もいました。

トレッキングマップ

コスタリカでの活動は、アドベンチャーレース以外にも、地域の自然を観光資源として活用するには何をすべきかを考え、サベグレ川流域エリアを知ってもらうため、国内外へのプロモーションを重ね、シレンシオ村にある茅葺《かやぶき》屋根のロッジの売上増にも貢献することができました。

また、流域の広大なエリアは、ナマケモノや日本では見られない数種類のサル、色とりどりの鳥、虫、ほかにも野生動物が生息する豊富な森林がほとんどを占めています。そのエリアをくまなく歩き、冒険心を掻き立てるようなトレッキング用のマップを作成したりもしました。時には山中を40キロ以上歩いたあと、ピューマが出るかもしれないような場所でテントを張ったりと、かなりデンジャラスなことをしながらも、今までに観光客があまり足を踏み入れない場所で、しかもガイドブックに載っていないようなコアなエリアのマップに、トレッキングのルートや泊まることのできる場所などのさまざまな情報を載せることができ、最後は現地のデザイナーさんにイラストなどで装飾していただき、出来栄えのいいものになりました。このマップが、私が帰国後も引き続き活用されていたかどうかは疑問ではありますが、1人の日本人が現地で自然に面と向かって1つのツールを仕上げたという意味では、地域の人々を含め、意識が変わるきっかけになったのではないかと自負しています。

日本初のアドベンチャーレースの会社〝エクストレモ〟を起業

コスタリカでの派遣期間は2年間でした。元々、青年海外協力隊に参加することが、最終目標とは思っておらず、帰国後、会社勤めに戻るのではなく、自身で何かをやり始めたいという気持ちは、漠然とですが、ＪＴＢを辞めた時から持っていました。コスタリカでさまざまなプロジェクトに関わっていく中で、好きなことを仕事にできたら、この上なく幸せだろうと思うようになりました。

当時（２００４年）の日本は、アウトドアブームが巻き起こっているわけでもなく、「トレイルランニング」や「山ガール」といった言葉もない時代でした。アドベンチャーレースはというと、伊豆半島全土を舞台に開催しているものがありはしましたが、一般の人が参加するにはハードルの高いものしかなく、このアドベンチャーレースの裾野を広げるには、多くの人に知ってもらい、体感できるイベントが必要だと考えました。

ビジネスとしても、裾野の人をターゲットにしたほうが、可能性は広がります。ある意味、賭けでしかなかったかもしれませんが、帰国してから3カ月半後の２００５年2月、有限会社エクストレモを起業し、日本初のアドベンチャーレースの会社を立ち上げるにいたりました。ちなみに、社名の「エクストレモ」は、「究極の」「極限の」という意味の、英語でいう「エクストリーム（Extreme）」のスペイン語「エクストレモ（Extremo）」に由来しています。

実は、コスタリカにいる時から、レースを開催できそうな自治体や観光協会にあたりをつけて、企画書を国際郵便で送るなどし（もちろん、すぐに破棄されていると思いますが）、帰国後に起業するための準備を着々と進めていました。

帰国してすぐ、自治体や観光協会などアドベンチャーレースを開催できそうなエリアをレンタカーで回り、3カ月かけてようやく、レースをできそうな4つのエリアから返事をもらいました。いよいよスタートするという身の引き締まる思いを胸に、不安感とワクワク感が交錯《こうさく》する気持ちでした。そして、2005年に、日本初のアドベンチャーレースのシリーズ戦「エクストリームシリーズ」を開催することになりました（当初は、栃木県烏山町〈現・那須烏山市〉、東京都奥多摩町、神奈川県湯河原町、静岡県本川根町〈現・川根本町〉）。

また、個人的にも、日本に帰国して1カ月と経たないうちに、長野県の安曇野《あづみの》で開催されていたアドベンチャーレースに参加し、笹藪の中に設置されたチェックポイントを探すという、繊細なナビゲーション満載の日本のレースを体感したものでした。

アドベンチャーレースの会社を起業した理由の1つに、「アウトドアスポーツやアドベ

エクストレモが初めて手がけた那珂川大会には、22チームが参加した

チームの結束が必要不可欠

ンチャーレースにコアな人たちが自己満足（もちろん、それもとても大切です）だけで終わるのはもったいない。自然の奥深さを体感しながら、チームの結束を高めることのできるアドベンチャーレースというものを、世の中で何か役立つきっかけにしたい」という思いが、根底にありました。

当初は、日本における、アドベンチャーレースやアウトドアスポーツに、何のコネクションもないエクストレモでしたが、いろいろなつてをたどりつつ、徐々にコネクションを広げていきました。アウトドアメーカーの大手「モンベル」が、店舗でアドベンチャーレースについての説明会を開かせてくださったり、少しずつ可能性が見えてきました。

帰国してから約半年後、栃木県烏山町で行った最初の那珂川大会では、身内や友人などにも声をかけた結果、何とか22チームが参加し、大会として1つのかたちになりました。

その後、評判が口コミで広がり、参加者は増えていきました。3大会目の奥多摩大会で、芸能人がアドベンチャーレースに参加するという企画を、テレビ番組で放映されたこともある意味、大きかったと思います。最初の大会で、失敗していたら本当に今どうなっていたか……。当時は猪突猛進、とにかく前しか見ていなかったこともあり、あとから思い返すと、冷や汗ものです。

起業してからの現実

起業した当初の展望としては、アドベンチャーレースの運営だけで会社を存続させようと思っていました。ただ現実は甘くなく、予想以上にかかる経費に自身の見込みの甘さを痛感したものでした。

そこで似たような何かをできないかと考え、旅行会社での経験を活かし、アドベンチャーレースをベースにした、チームビルディングの要素を含むアドベンチャープログラムを独自で開発。アドベンチャーレースに必要なチームワーク、コミュニケーション、達成感、役割分担、時間の管理といった、遊び（レクリエーション）の中でも、自然そのものと自然のファクターを感じられる、まさにアドベンチャーレースのミニ版ともいうべきプログラムも展開していきます。

旅行会社とも連携して、少しずつですが、学校の行事や企業の研修などに取り入れてもらえるようになりました。ＪＴＢにいる時から、社員旅行などの団体旅行は、下火になっていると感じていました。宿泊を伴う旅行や、誰もが行ったことがあるような一般的な観光地に行く旅行を団体で行っても表面的なものになってしまう。社員は休日を使ってわざわざ、職場旅行に行きたいとは思わないものの、経営者や部下を持つ人は、組織の風通しのよさ、横のつながり、コミュニケーションを活発化させることを望みます。そこにマッチした、アドベンチャーレースのプログラムができないかということでできたのが、「ぷちアドベンチャーゲーム」、通称「ぷちアド」でした。ぷちアドの詳細については、あとの章でも書きたいと思います。

他のアドベンチャーイベント等との関わり

ここまでトントン拍子であるかのように書いてはいますが、実際に普段やっている仕事はというと地味なことばかりです。レース当日は、マウンテンバイクを20台以上乗せてトラックを運転したり、会社の車エクストレイル（会社名と似ているから買ったわけではないですが、よく間違えられます）に、イベントで使う荷物をパンパンに詰め込んで現場に行ったり、頭を使うというよりも、力仕事というか〝体が資本〟的なところが大いにあります。

また、日々の業務は、イベントの準備はもちろんですが、学校や旅行会社へ直接出向いてのプレゼンテーションに、あいさつ回り、DM発送作業といったものです。アドベンチャーレースのイベント会社というと、一見華やかなイメージを持たれるかもしれませんか、一つひとつの細かい作業の積み重ねです。

私個人に関しては、国内出張で移動が多いのも実情です。忙しい時には、月20日以上は出張で地方と東京との行き来が続くこともあります。

主催するアドベンチャーレース以外には、大会運営のみを任されたりすることもあり、アウトドアスポーツ全般に関わっているといっても過言ではありません。

スキー用具メーカーでトレイルランニングシューズなども販売しているサロモンのトレイルランニングレースにいたっては、２００９年から5年間、多い年で年間5大会運営していました。参加者が１０００名を超える大会もあり、何日も前から現地に入り、コース整備やコースマーキングをやったりと、なかなか根気のいる作業ではありましたが、現在はアドベンチャーレースしか開催していないので、トレイルランニングレースに関わっていたその頃を、懐かしくも思います。

また、アドベンチャーレースとは少し違いますが、ＯＭＭというイギリス発祥のレースにも、日本開催の立ち上げから現在にいたるまで関わっています。実際、２０１４年に日本初のＯＭＭを静岡県の東伊豆町で開催できたのですが、その1年前に、本場イギリスのレースにも参加し、身をもって体験しました。50年以上続くイギリスの伝統的なレースであるＯＭＭは、あえて一番過酷な時期に開催されます。10月末のウェールズは嵐の多い季節で、当日は突風の吹き荒れる過酷な環境の中、ぬかるんだ湿地帯を、チェックポイントを探しながら歩き回り、日も暮れて、最後の2つ目の関門に間に合わず、悔しい思いをしたのを思い出されます。また、イベントセンターが牛小屋だったのも衝撃的で、わらを積んだ小屋の脇で受付をするという、日本とイギリスの文化の違いも感じました。

日本でのＯＭＭでは、渉外といって、行政とのやりとりや地元の人々へのあいさつ回り、コースの許認可の交渉をしたり、警察消防と安全対策における連携協議をしたりという役割を担っています。また、会場の確保や外注品のレンタルに加え、スタッフの宿泊や弁当の手配といったことまでやっていたりします。いわゆる裏方ですが、ＪＴＢ時代に培ったノウハウや、アドベンチャーレースを主催している経験は確実に活きています。毎年

ウェールズで開かれたOMMでの一幕

開催地が変わるＯＭＭで、開催地を決めることは、まさにゼロからのスタートになるのですが、それらの交渉事も、毎回私がやっています。うまくこなせているか定かではありませんが、今のところ何とか毎年開催することはできています。

また、コロナ禍に始まったニセコアドベンチャーレースは、立ち上げから第２回大会まで関わりました。広大な北海道を舞台に、日本で最も過酷なアドベンチャーレースでもあるニセコアドベンチャーレースは、いくつもの自治体にまたがり、国立公園、国定公園、国有林、道有林、といった特有のエリアで、その中にスキー場や別荘地があったりと、規制の多い土地でもあります。ニセコのレースでも、渉外とコース設定、競技運営といった、競技全般の管理を行ってきました。ゼロから1にすることの難しさ。しかもコロナ禍での実施ということもあり、より難しさは増しましたが、やり遂げた時の充足感は鮮明に覚えています。

アドベンチャーレースを仕事にするのは、正直な話、利益が莫大に出るわけでもなく、地道な面も多いですが、ある意味、社会への貢献、教育面で関われることなども含めて、私自身にとって大きな要素でもあり、仕事のやりがいを常々感じています。

学術的な面からアドベンチャーレースを見る

前後しますが、エクストレモを起業して、7年が経った頃、ある程度会社として軌道に乗りつつあるものの、さらなる高みを目指したいという気持ちが、私自身の中でまた沸々と湧いてきました。ビジネス面からでなく、学術面からアドベンチャースポーツを深掘りしてみたいと考え、2012年、早稲田大学大学院スポーツ科学研究科を受験し、合格。

1年間で、研究論文を書くべく、仕事との二足の草鞋《わらじ》を履《は》きながら、アウトドアスポーツにおける地域貢献をテーマとした研究も行いました。日中は仕事、夕方は授業に出て、その合間に論文の作業を行う。出張先から早稲田キャンパスに車で向かうこともしばしばでした。成蹊大学在学中は、部活動のボート三昧で、勉強した記憶がほとんどない状態でしたが（苦笑）、この早稲田大学の大学院在学中は、高校受験に次ぐくらい勉強したなと、我ながら思います。

研究の内容は、この章の最後に概略を示しますが、企業として、アウトドアスポーツに関わる者として、学術面という違った角度から見ることで、私自身の今後にも活かされる1年だったと思います。

何よりも、一緒に励まし合って学んだ同期の仲間とご指導いただいた先生には感謝しています。そして、この無茶な挑戦を陰で支えてくれた、家族には本当に感謝しかありません。

コロナ禍で思うこと

予想もしなかった、新型コロナウイルスの蔓延により、先行きがまったく見えなくなったのは事実です。東日本大震災の時も、学校行事のキャンセルが続出し、どうなることかと思いましたが、それ以上の打撃だったのは言うまでもありません。全ての「ぷちアドベンチャーゲーム」やレースが中止になり、コロナ禍がいつかは終わるだろうとどこかで思っていても、予想がつかず、アドベンチャーレース以外の仕事をするしかないかも、この状態が長い間続けば、会社をつぶすしかないかもと覚悟しました。収益がないということは、本当に人を不安にさせると、経営者のはしくれとして痛いほど感じました。

ただ、常に何かをやっていないと気が済まない性格もあり、その時は、できることをやろうと、リモートでアドベンチャーレーサー対談をリアルタイムでSNSで公開したり、過去にレースでやったチームチャレンジを、ステイホームの中、家でやろうと、こちらもSNSで発信したりしたものでした。収益がなくても、いろいろと考えることのできる時間があったのは、今思うと収穫だったのかもしれません。今まで仕事に没頭していた時間も、家族と過ごす時間にまわせ、ある意味、心に余裕が出てきたのは、1つの転機だったと言えるでしょう。

実際、2020年コロナ禍の初期は、全てがキャンセルになり、仕事もない状態でしたが、今までやってきたことを信じ、このリアル体験でもあるアドベンチャーレースというものが、見直される時が来ると信じ続けました。半年が過ぎてからは、徐々に戻ってきて、屋外でのプログラムということもあり、復活。学校の宿泊行事ができない中で、代案イベントとして、コロナの影響が少ないという理由も重なって、多くの学校に利用していただいています。私の無理難題を受け入れてくれる、頼もしいスタッフに支えられながら、イベント業界が厳しい中でも、エクストレモの業績は伸びています。

また、2021年から、福島県の原発の影響で、一時人口がゼロになった楢葉町《ならはまち》の観光振興にも関わっています。復興プロジェクトの一環として、楢葉の魅力を伝えるため、アウトドアコンテンツの新規造成に関わっており、自身が考えたことが、帰還困難区域という、どん底に落とされた地域の再生に役立ち、社会に貢献できるという喜びを、ひしひしと感じています。

この本を執筆することで、なかなか知られることのないアドベンチャーレースが、地域のために少しでも貢献し、教育の現場で使われていることを、多くの人に知ってもらいたい。そして、もっともっと多くの地域で、あるがままの自然をフル活用したアドベンチャーレースを開催していただき、さらに多くの学校現場や企業研修の場で、教育という観点でアドベンチャーレースを感じてもらいたいと切に思います。

そして、何よりも多くの方に支えられているエクストレモであり、我部乱であることも事実です。日々の感謝を忘れずに、これからも時代に即したかたちで、アドベンチャーレースを進化させていきたいという思いを強くしています。

東日本大震災復興プロジェクトの一環として楢葉町のアウトドアコンテンツの新たな発掘にも携わる

【論　文】学術的な面からアドベンチャースポーツを見る

早稲田大学の大学院、スポーツ科学研究科で、1年間（2012年度）やってきた研究の内容を、ここに表示します。修士論文の概略となります。

研究テーマ

アドベンチャースポーツの現状と展望に関する研究
～大会参加者を類型化し、地域の取り組むべき事項を検証する～

1．目的

本研究の目的は、アドベンチャースポーツの現状を理解し、今後の普及のために、密接にかかわる地域の取り組むべき事項を検証することである。①参加者の大会参加動機の要因を明らかにし、②その要因を用いて、参加者を類型化する。③類型化された参加者と地域の取り組みの関連性を検証する。この3段階において研究を行うものとする。

2. 研究の方法

本研究では、地域とアドベンチャースポーツの参加者との関連性を検証するための手順として、トレイルランニングの大会参加者を対象とした2回の予備調査を行い、参加動機のキーワードを抽出した。そのうえで、他のスポーツやマラソン大会、ラフティング参加者における6つの先行研究と比較して、本調査に用いる調査票を作成した。

本調査では、アドベンチャースポーツの中でも一般の人にも参加しやすいトレイルランニングとアドベンチャーレースの参加者を対象とした。参加者（N＝316）の参加動機から、探索的因子分析を行い、更にクロンバックのα係数で、尺度の信頼性を検証した。併せて、各因子の相関分析を行い、各因子の相関も検証した。

3. 結果

本結果の分析結果として、2回の予備調査と6つの先行研究との比較から、動機付け尺度を内的要因、外的要因の2つの要因に分け、内的要因は7つ、外的要因は5つの因子に分けた。その因子を元に本調査（上越国際トレイルフェス、エクストリームシリーズ）における調査票を作成した。

両大会において合計で361件のサンプルを得られたが、最終的に316件が対象となった。

人口統計的特性の結果を見てみると、男性70・3%、女性29・7%。年代は30代が一番多く44・5%、次が40代で27・4%であった。「上越国際トレイルフェス」は、地元新潟県からの参加者が一番多く、首都圏（東京都、埼玉県、神奈川県、千葉県）との合計で76・3%を占めた。「エクストリームシリーズ」の4戦は、東京都と神奈川県の参加者が70・2%を占めた。

予備調査で行った、大会参加動機の12因子に対し、探索的因子分子を行った。その結果、4つの因子に分かれたため、第1因子を「観光」、第2因子を「挑戦」、第3因子を「健康」、第4因子を「仲間」と名づけた。

4因子の信頼性を検証するため、各因子のクロンバックのα係数を算出した。「観光因子」は0・839、「挑戦因子」は0・767、「健康因子」は0・883、「仲間因子」は0・768という結果となり、信頼性があると証明された。併せて、因子ごとの相関も低く、全ての相関に有意差が見られたことから、分析の妥当性が証明された。

そのうえで、大会参加者を類型化するために、4因子の因子得点をもとに、平方ユークリッド距離・ウォード法による、階層クラスター分析を行い、本研究では4つのクラスターを採用することとした。

同時に、アドベンチャースポーツの大会を開催している、行政の関係者3名と、大会をプロデュースするプロトレイルランナーとプロアドベンチャーレーサーにもインタビュー調査を行った。インタビュー調査を踏まえて、アドベンチャースポーツイベントを開催する地域側のメリットとして、「自然資源の発掘と活用」「知名度向上」「交流人口の増加」という3つのキーワードが挙げられた。

4. 考察

クラスター分析により、類型化された参加者と地域との関連性を検証した。第1クラスター「アドベンチャーフレンドシップタイプ」の参加者は、イベントに経済効果や地域交流などを求めている地域にとって、一番メリットがある参加者といえる。受け入れ側の地域としては、仲間や家族が参加しやすい環境を整えることが必要と考える。その地域ならではの自然を活用したアウトドアイベントや、バリエーション豊富なアクティビティの提案をすることで、ファミリー層などの幅広い世代の取り込みに対する観光施策にもつながり、経済効果も生まれてくるといえる。

第2クラスター「アクティブランナータイプ」の参加者は、ランナー系の仲間と一緒に来て挑戦するようにも見られる。コースの満足度や景観の良さで評価が高くなると考える。ここに属する地域は、インターネットで情報を発信し、より自然味あふれる挑戦的なコースを提供することが必要と考える。コースのメンテナンスも地域の人々が自ら行い、四季折々の自然の様子などを地域から常に発信することで、レース以外の再訪も期待でき、地域の知名度アップにつながると考えられる。

第3クラスター「ソロビギナータイプ」の参加者は、ビギナーもしくは1名参加が多いと考えられる。走りやすいコースや安全性が必要であり、併せて、アクセスが良く、日帰りで行きやすいところがよいと考えられる。このクラスターの参加者は、地域の印象次第でリピーターにつながる可能性もある。その地域の特色や地元の人とのふれあいを大切にし、将来を見据えて地域のファンになってもらうことが必要であると考える。

最後に、第4クラスター「アウトドアリピータータイプ」の参加者は、かぎられた予算の中で、自然や地域を楽しむタイプと考えられる。レース以外に温泉や地域の人とのふれあい等のプラスアルファの要素が入り、1年に1回の特別な大会をアピールしていく必要がある。地域のホスピタリティや人とのふれあいを強調することで、交流人口を増やし、その地域が特別な場所であり、地域のファンになってもらうことが大切かと考える。また、地域の人々にとっても帰属意識を創出することで、愛着が増すと考えられる。

5. 結論

本研究の目的でもある、アドベンチャースポーツ参加者と地域の関連性を検証し、アドベンチャースポーツの普及のために、地域が何を実行して、どうあるべきかを考えた。全体的に参加者の挑戦因子が高いという結果は出ているが、人とのふれあいやその地域の観光要素、仲間や家族とのつながりを求めて参加している人も多くなっている。動機にはさまざまな要素があるが、大会やイベントを行う地域も、参加者の動機や要望を明確に理解し、その地域に合った運営やマーケティングが必要となってくる。どこにでもある似たような自然をアピールするだけではなく、地域独自の特性をアドベンチャースポーツイベントで表現することによって、参加者の選択肢も増え、今後のアドベンチャースポーツの普及や発展につながっていくものと考えられる。

教育に関わるアドベンチャーレース

第4章

アドベンチャーレースが教育に寄与すること

現代社会は、ますます便利で常に変化がある世の中になり、子どもの遊びにおいてもインターネットやスマートフォンを使ったゲームが主流となっています。また、仕事においてもパソコンを使うことは当たり前、ＳＦならぬ仮想空間が現実となり、『ドラえもん』で見た世界が近づいてきているなと感じることもあります。それが悪いこととは言いませんが、リアルな体験というものがなくなることがあってはならないと思います。感性を使うこと、人間本来のあり方として自然体験、野外教育というものは必要不可欠であると信じています。

エクストレモでは、アドベンチャーレース、いわゆる競技としてのイベント以外にも、校外学習や遠足、修学旅行などの学校行事、社員旅行や企業研修などで、アドベンチャーレースをベースにしたチームビルディング（１５５ページ参照）のプログラムを年間をとおして実施しており、好評を得ています。

学校行事では、特に新年度のクラスや学年において、友だちとの関係性を築くという意味で利用されることが多く、チームでさまざまな関門を乗り越え、ミッションをクリアし、見知らぬ土地で自然や文化を体感する。そうすることで、自然とチームメイト同士のコミュニケーションが円滑になっていく様子を容易に想像できるのではないでしょうか。

また、企業研修においては、チームでの達成感を味わうことで、組織の強化につながり、社員のモチベーションアップにもなります。職場旅行の一環として利用されることも多く、遊び（レクリエーション）の中で、現代社会に必要なさまざまな気付きを得られる点も大きな意義があると感じます。

「ぷちアドベンチャーゲーム」とは？

エクストレモでは、学校や企業の研修といった行事の一環として、アドベンチャーレースがもととなる「ぷちアドベンチャーゲーム」という独自のプログラムを提供しています。地図とコンパスを頼りに、さまざまなアウトドアアクティビティを駆使しながら、自然のフィールドを進んでいくアドベンチャーレースは、まさに人間力を問われるスポーツでもあります。

「ぷちアドベンチャーゲーム」はその魅力をシンプルに応用したものというか、オリエンテーリング、マウンテンバイク、トレッキングなどを盛り込んだ、チームで行う体験型のロールプレイングゲームになっています。小さな冒険をしながらさまざまなミッションを遂行し、ゴールを目指していく。そのため、チームとして課題解決に取り組みつつ、コミュニケーションを図り、達成感を最大限に味わえるようなプログラムになっています。

チームで山の中や街の中を歩き、マウンテンバイクに乗ったり、ポイントごとに課題をこなしたり、ナビゲーションを行ったりします。道の分岐で、メンバーがお互いに黙っていては進みませんので、否が応にもチーム内のコミュニケーションが促進されることになります。

たかがゲームとは言え、ここでのチームは小さな小さな社会でもあります。チーム内でのタイムマネジメントや役割分担、タスクの優先順位をどうつけるか。生徒さんにとっても、これから社会に出ていくうえで必要な要素を、「ぷちアドベンチャーゲーム」の中で学んでもらえるように、という点を重視しています。

ぷちアドベンチャーゲーム　とは？？

「**ぷちアドベンチャーゲーム**」とは、様々な**アウトドアアクティビティ**(トレッキング、MTB、カヌーなど)を盛り込んだ、チームで行う“**体験型のロールプレイングゲーム**”です。
グループで様々な関門にチャレンジし、小さな冒険をしながらゴールを目指していきます。そのため、**チームワークの形成**や達成感、充実感を最大限に味わえるように配慮しております。

チームビルディング を採り入れた楽しいゲーム　　**体力・知力・適応力** のバランスが取れたゲーム

“チーム力”　“コミュニケーション能力” を発揮

「**チームワーク**」の形成と親睦　　ゴールでの「**達成感**」　　眠っていた「**冒険心**」を目覚めさせる　　地域との「**交流**」

「良好な人間関係」を生み出し、「モチベーションUP」につながる

実施地区

嵐山嵯峨野(京都)　明日香(奈良)　大沼公園(北海道)　蔵王(山形)　尾瀬　棚倉(福島)
大阪北摂(大阪)　神戸　淡路島(兵庫)　奥日光　鬼怒川　那珂川(栃木)　伊香保(群馬)　川越　秩父(埼玉)
金沢(石川)　ひるがの高原(岐阜)　志摩(三重)　お台場　東京下町　浅草　葛西臨海公園　奥多摩(東京)
愛地球博記念公園(愛知)　横浜　鎌倉　箱根　湯河原(神奈川)　養老渓谷　館山(千葉)
とびしま海道(広島)　河口湖　清里(山梨)　熱海　初島　伊豆高原　伊豆稲取　下田　大井川(静岡)
南阿波(徳島)　沖縄やんばる(沖縄)　蓼科　軽井沢　南志賀　乗鞍高原(長野)　越後湯沢　上越国際(新潟)

モデル日程表

	日　帰　り	宿泊
1	貸切バス 各地＝＝＝＝＝＝＝実施地区[ぷちアドベンチャーゲーム(約3時間)]＝＝＝＝＝＝＝＝各地 ゲーム中に食事(お弁当)でもOK ※ご昼食時・ゲーム終了後に表彰式	

	1　泊　2　日	宿泊
1	貸切バス 各地＝＝＝＝＝実施地区[ぷちアドベンチャーゲーム(約3時間)]＝＝＝＝○○温泉:旅館【泊】 ※ご宴会・ご夕食時に表彰式	○○温泉
2	○○温泉＝＝＝＝＝＝一般観光＝＝＝＝＝＝＝各地	

「ぷちアドベンチャーゲーム」は新年度、学校など教育現場からの引き合いが多い

新年度の4月、5月になると、学校からの校外行事の依頼が圧倒的に多くなり、多い時で、2カ月間に70校近く実施したこともあります。生徒さんや学生さんが新しく友だちを作ったり、クラスがまとまるきっかけとなり、これから始まる学校生活の基盤づくりに一役買っていると思います。

企業向けの研修などの「ぷちアドベンチャーゲーム」に関しては、コミュニケーション力の向上を期待されて依頼をいただく場合が多いです。例えば、従業員同士でのつながりを深めるきっかけになります。普段の所属先で関係性がある人たちがチームを作って参加した時、会社とは違う非日常の空間で、疲労感を覚えながら、コミュニケーションを取っていくことにより、横のつながりの必要性に気づくことができるという結果につながっていきます。

世の中が便利になればなるほど、コミュニケーションが希薄になっているのは、誰もが薄々感じていることでしょう。隣のデスクの人とメールやLINEでやりとりしたり、リアルなことから逃げてしまったり、見て見ぬふりをしてしまったりしている風潮があることは事実です。「ぷちアド」を通じて、チームとして動き、考え、行動することは、組織の改革にもつながり、決してマイナスに働くことはないと確信しています。

チームビルディングとは何か？

最近、企業などでも聞かれるようになった言葉、〝チームビルディング〟とは何なのでしょうか？　これは「ぷちアドベンチャーゲーム」においても大きなテーマとなっています。

世の中の環境が大きく変化する中、組織の成果を最大限発揮するにはどうするべきか。

チームとしてのパフォーマンス、目標を達成するためには各自のスキルや経験、能力をフル活用し、チーム内では、リーダーシップを取ることのできる人間がいることも重要です。困難な課題を仲間と共に助け合い、励まし合いながら解決し、チームで達成感や成功体験を味わうこと。それが、チームとしてはもちろんのこと、個人のポテンシャルの強化や向上にもつながります。

チームメンバー同士で、ワークショップや研修などをとおして話し合い、考え、やり遂げることで、最大限に効果を発揮していく。それこそが、チームビルディングです。日常業務にも通ずることから、研修などの1つの課題として、チームビルディングを利用する企業も多いです。

アドベンチャーレースから、「ぷちアドベンチャーゲーム」へ

アドベンチャーレースは、究極のチームビルディングではないかと思っています。極限の状態においてチームでどう動くか。停滞するか進むか、右に行くか左に行くか、さまざ

まな選択を迫られ、1人の判断だけではなく、チームとしての決断が求められます。

普通の野外のチームビルディングプログラムとは一味違うかたちにして、このアドベンチャーレースの要素を一般の人に提供できないかと考えたのが、「ぷちアドベンチャーゲーム」開発の始まりです。ロープコースなどの施設で行う「プロジェクトアドベンチャー」は各地で研修会社が実施していますが、それとは違った、オンリーワンなアドベンチャーレースを主催しているからこそ、できることがあると考えました。

オリエンテーリングの要素を入れるだけでも、チームで考える要素が増えて面白いのですが、さらに、エクストレモのやっているアドベンチャーレースの特徴として、チームチャレンジというものがあるので、オリエンテーリング（ナビゲーション）+チームチャレンジの2つを組み合わせたもの、これがまさに「ぷちアドベンチャーゲーム」となっています。ご当地ならではの、チームチャレンジもあったり、スラックラインという綱渡りをチームで協力してできるようにしたり、フリスビーやボールを使用するなど、やり方はさまざまで、実施場所によっても変わります。チームメンバー同士で声を掛け合えるようなチャレンジがベストだと思っています。

最近は、スマートフォンの普及により、子どもだけでなく、大人も紙の地図や地図帳といったものを見る機会が少なくなりました。車を運転すればカーナビが連れていってくれて、目的地にはスマホの音声が導いてくれます。便利な世の中になるにつれて、方向感覚が鈍い、いわゆる方向音痴の人が増えているのは言うまでもありません。地図を見て考え、チームで共有することが何より大切なのです。

「ぷちアドベンチャーゲーム」の流れ

ここで「ぷちアド」こと、「ぷちアドベンチャーゲーム」の流れについて、わかりやすく説明します。

参加者には、地図と指示書が渡され、地図を見ながらチェックポイントを探していきます。何度も言いますが、オリエンテーリングがベースとなっています。もちろん、スマートフォンのナビ機能（ＧＰＳなど）を使ったらＮＧです。チェックポイントでは、クイズやチームで行うチャレンジ、時にはマウンテンバイクやカヌーといったアウトドア的な課題が課せられます。

制限時間の中で、より多くのチェックポイントを回り、課題をクリアし、ポイント（点数）を多く獲得できたチームが勝ちとなります。同じ点数の場合は到着順になるので、1番からビリまで順位は出ます。その昔、順位を出すのはよくないという時代もありましたが、やはり数字がはっきり出ることで、参加者は一喜一憂し、次につながるという意味では、とても重要なことだと考えています。

「ぷちアド」は、全国各地で行っていますが、やはり関東近辺が多いのが現状です。埼玉県の秩父《ちちぶ》や山梨県の河口湖などで、よく実施しています。秩父では大きな公園がメイン会場なので、安全管理もしやすく、それでいて展望台や林の中、さまざまなチームチャレンジなどバリエーションも豊富です。河口湖も湖畔《こはん》がおもな舞台となるので、管理はしやすく、山に登るトレッキングセクションでは達成感を覚えることもでき、何より富士山が近いのが大きな魅力でもあります。

また、屋外でのプログラムである以上、天候に左右される部分は避けられません。多少の雨でしたら、アドベンチャーと言っているぐらいなので実施しますが、荒天時は体育館などを押さえてもらえれば、雨天プログラム（ぷちアドでやるチームチャレンジを、運動会のように対抗戦的な感じで見えるように点数化し、順位をつけていくもの）に当日でも振り替え可能というように、臨機応変な対応をしています。正直、危険でない雨でなければ、雨が降っていても屋外でぷちアドをやるほうが、チームワークや絆を感じ、結束は強まると今までの経験からは感じています。クライアントさんの要望で、天候により少しでもリスクがある中では実施できないとなれば、室内バージョンに直前で振り替えたりする時もあったりします。

活用のされ方（学校）

コロナ前までは、学校行事と、企業研修などの実施件数の割合は、半々ぐらいでした。コロナ禍になってからは、企業イベントはかなり少なくなり、校外学習や修学旅行などの学校行事がおもだったところになっています。

「ぷちアドベンチャーゲーム」は前述したとおり、屋外で実施するオリエンテーリング形式のプログラムでもあるため、3密になる状況が極めて少ないです。開放的な自然の中、学校周辺の屋外、校舎や体育館といった学校内、県をまたがない場所での実施、時間差でのスタート、現地集合解散の場所での実施といった、臨機応変なスタイルで、コロナ禍でもうまく対応してきました。実際はコロナ前よりも、実施件数は増えています。

生徒さん同士のコミュニケーションを円滑にし、絆を深める。先生方も安全管理がしやすい。見知らぬ土地や地域で新たな可能性を生み出し、有意義な地域学習につながるという意味で、次のような学校行事で活用されています。

・遠足
・修学旅行
・校外学習
・新入生オリエンテーション
・林間学校
・クラブ合宿

など、さまざまな場面で使われており、圧倒的に新年度の行事が多いことは、コロナ以前と変わりありません。中には、修学旅行の班別行動の練習として活用されることや、留

ゲームの説明を聞き入る生徒さんたち

学生との交流行事として実施されたこともあります。また、年度の最後の卒業遠足に思い出づくりとして利用されたりもします。卒業遠足は今まではテーマパークというのが主流だったものの、教育という観点、個人でなく団体だからこそできるものという意味で、利用されていることは確かで、以前よりも引き合いが増えた理由の1つと考えます。

先生方からも、ある程度生徒さんを野放しにすることへのリスクや責任もある中で、「雨に降られて、本当のアドベンチャーになってしまったが、生徒が一回り成長した、と感じた」といった声もいただいています。生徒さんの成長を肌で感じてもら

時間内のゴールを目指して生徒さん同士の絆も深まる

えることが何よりの喜びです。

生徒さんからは「最初はどうかと思ったけど、やっているうちに楽しくなってきて、最後は笑顔でゴールテープを切りました」との感想が寄せられました。年頃の子どもたちにしてみれば、必死になってゴールを目指すなんて初めのうちはかっこ悪いとか思ったかもしれませんし、それも仕方のないことかと思いますが（私も学生の時はその部類だったと思います）、素直に取り組むことで、こういったうれしい感想も届いています。学校によっては、壁新聞に感想やゲーム中の経緯をまとめたものを送ってくれたり、生徒さんたちのチームで、地域学習や環境教育に関するテーマを作り、それについて発表した動画を送ってくれたりと、少なからず、教育現場で役に立っているとは感じます。

活用のされ方（企業・その他）

また、企業でも、チームビルディングを目的として利用されています。その例をいくつか紹介したいと思います。

・職場旅行、慰安旅行
・新入社員研修などの各研修
・労働組合の行事
・キックオフミーティング

など、さまざまなシーンで活用されています。目標を設定して、それに対してのフィードバックを共有したり、企業ならではの使い方もされています。昔は、飲み会を開いてコミュニケーションを取る、いわゆる「飲みニケーション」という言葉もありましたが、もはやそういう時代ではありません。社員同士で同じ目的に向かって一緒に汗をかくこと、体を動かすことで、普段気づかないことが見えてくることも多いと思います。「やり遂げた時の感じは、何とも言えない気持ち。ゴール後のビールは最高！」「普段だと歩かないぐらいの歩数を歩いた」というように、大人ならではの楽しみを感じてもらえるのはぷちアドの強みです。そして、健康維持にもつながるぷちアドには、福利厚生的な意味合いがあると言ってよいかもしれません。コロナ禍以降、企業行事が激減しているという現状ではありますが、やはりFace to Faceのリアルな関係を求める経営者は少なくありません。

ほかの事例として、ある大手結婚相談所と数年間契約して、婚活イベントとして定期的にぷちアドを行っていた時期もありました。また、ある大手企業の労働組合主催で、社員同士の婚活的なイベントにぷちアドを採り入れてもらったこともあります。コミュニケーションが重要になってくるという意味では、婚活はある意味、ぷちアドが参画するのに最適なプログラムなのかもしれません。実際、アドベンチャーレースに関していえば、レーサー同士で結婚している人も多いです。いいところも悪いところもリアルに見えてしまうからでしょうか……。

「ぷちアドベンチャーゲーム」はどのように広がったか

「ぷちアドベンチャーゲーム」に関しては、大手旅行会社とは契約を結んでいることもあり、そこから依頼が来ることが多いのが現状です。学校や企業から直接というケースももちろんありますが、行事やイベント、旅行の一環として検討したうえでの結果なのかなとは感じます。営業活動はおもに旅行会社に行っています。旅行会社内でも、1度利用していただいた担当者は何度も利用していただくことも多く、また、支店内のほかの担当者が利用していただくこともよくあります。

私もJTBにいた経験から、旅行会社は薄利多売の事業で、手間をかけなくても満足いく行程に仕上げたいという事情も理解しているつもりです。たまに、ぷちアドの現場でJTBの同期に会うこともあり、それはそれで楽しみの1つでもあったりします。

また、学校でも地区内での口コミや、先生が異動した先の学校でも利用していただく、なんてこともあります。

ぷちアドの進化版「がちアドベンチャーゲーム」

「ぷちアドベンチャーゲーム」の進化版、「がちアドベンチャーゲーム」という隠れプログラムもあったりします。よりリスクが高く、プログラムの時間も長く、いわゆるアスリート向けのアドベンチャーレースに近い感じです。

「がちアドベンチャーゲーム」のチラシ

ヘッドライトをつけて夜の闇の中を進んだりするようなこともあります。チームとしての感覚を研ぎ澄まし、協力しないと進めない。こんなことを、強制的に会社や学校でやらせるのかと思うかもしれませんが、実際、依頼はあります。自然と対峙し、大袈裟《おおげさ》ですが、命を懸けて進むような経験は、リアルを求める今の時代だからこそ、本当に必要なことなのかもしれません。

コロナ禍を経て

新型コロナウイルスが日本で発症した当初は、ぷちアドの受注件数も0件になり、繁忙期でもある新年度の4、5月に仕事がまったくない状態で、正直どうなることかと思いました。ただ、バーベキューや飯盒炊飯《はんごうすいはん》といった校外学習の定番である食事を絡めた行事ができなかったこと、宿泊行事も難しかったこと、などの理由もあり、その代替行事として学校から「ぷちアドベンチャーゲーム」の依頼をされるケースが多くなりました。

コロナ前にはなかった、校舎内や校庭などを使ってのぷちアド。移動が制限されている中で、近隣学習も踏まえて学校周辺での開催、一斉にスタートするのではなく、30分とか1時間、時間差をつけて分散での実施。さまざまな工夫をしながらやってきたというのが実際のところです。

単純に比較はできませんが、コロナ禍の中でも、生徒さんたちは素直に楽しんでいるような印象を持っています。コロナ前より思いやりを持って行動する生徒さんが増えた気がするのは、気のせいでしょうか。また、校外行事が2～3年間開催されず、久々のことで、生徒さんが笑顔でゴールしているのを見て、涙を流す先生もいたりします。こういった反響を目の当たりにすると、コロナが人の心に与えた影響の大きさを考えずにはいられません。

学校教育でできないこと

学校の教室では、網羅《もうら》されていないこと、気づけないこと。このようなことを、野外教育や校外学習を行う際には、重視しています。「教育」というのは、大人になると一層奥深いものだと感じます。学校の勉強はもちろん大事ですが、アカデミックなことばかりに偏《かたよ》ってしまうとよくなく、バランスも重要です。古文や因数分解が大人になって役に立つかというと何とも言えません。学ぶことの過程としては大事なことなので、因数分解がダメとは言いませんが、やはり人生は常に勉強というように、学ぶべきことは多いように感じます。学校の学びの場では気づかないことを、エクストレモの「ぷちアドベンチャーゲーム」に盛り込めたらと常日頃から研究しています。

また、経験を重ねていく中で、ルールを説明する時に、生徒さんたちの話を聞く態度で、その日のぷちアドが充実したものになるかどうかが、何となくわかったりもします。

そして、最近は指示がないと動けないマニュアル的人間が多いというのも感じています。決められたことは何よりも上手にできるけれど、考えて新たなことにチャレンジするのは苦手。残念ながら、日本人の特徴ともいえるような気もします。

自分たちで考えること、チームで判断すること、そして時間を管理し、役割分担をしていくことといった、社会に出ても必要な要素が、このぷちアドというレクリエーションの中には詰まっています。どうしてもマニュアル人間が多くなってきている昨今、悪いことばかりではありませんが、自分たちの意思を尊重することも大事なことですし、それがチームとなると、より協調性や気遣いなども重視されてきます。特にコロナ禍になり、リアルなコミュニケーションが取りづらい今だからこそ、必要なことでもあります。

こういったことを学校だけで学ぶのは難しく、外部に頼んで生徒さんに感じてもらうこと、そして学校であれば、先生もひとごとではなく、一緒になって参加することが大切なのではないかと感じます。テストでいい点数を取り、いい学校に入るために受験勉強を頑張るのもとても大切なことですが、そこにプラスアルファ、学校の教育で学べないことを、ぷちアドから感じ取ってもらい、さまざまな教育のあり方の1つとして、ぷちアドを取り入れていただけたら、うれしいかぎりです。

【インタビュー】N大学の付属中学校・石井信行先生

――石井先生には、中学1年生の4月の宿泊行事の立ち上げから、もう9年ぐらい「ぷちアドベンチャーゲーム」を実施していただいていると思うのですが、最初に、「ぷちアド」を利用しようと思われたきっかけは何ですか？

当時、うちの学校では、中1で林間学校、中2で臨海学校、中3で修学旅行をやっていたんですけど、東日本大震災があって、中2の臨海学校ができなくなってしまったんです。千葉県の岩井というところで、臨海学校を20年ぐらい伝統的に行っていたのですが、新しく行事を考えなくてはいけない。そこで、JTBさんの紹介を受けて、代案で、中2がみなかみ町（群馬県）でアドベンチャーゲームをやることになりました。そこから、うちの学校と我部さんの会社とのお付き合いが始まりました。その後、1年あいだに挟んだと思うので、2013年かと思うのですが、抜本的に行事を見直せということになって、中2にふさわしいものを探していたのですが、なかなかなかったんです。当時スキー教室を開いたらどうかという案もありました。そこで、中1の林間を中2に持ってきて、中1

で新しい行事を作ったらどうか、ということになりました。実は、付属高校では、高1の4月に「イニシアチブゲーム」っていう、グループに分かれて課題を与えて、みんなで協力して解決していくプログラムを行っていました。

——場所はどこで行っていたんですか?

山中湖です。高校でそういうものがあるのに、中学では何でないのだろう。地域の小学校のルールの枠内で学んできた子たちが、電車でさまざまなところから集まってくる。今までよく仲間づくりができてたね、っていう話になったんです。その当時は、中1の7月に行う林間学校に向けて、6月に林間学校のプレ体験みたいなものを行っていたんです。オリエンテーションも学校で1日だけです。これでいいのかなという話になりました。中学高校生活6年間の始まりに、何もないのはまずいだろう、仲間づくりを意識した行事を作ったらどうだろうという話になりました。

それで、仲間づくりに役立つものはないかと考えたのです。一番最初に浮かんだのは、「イニシアチブゲーム」でした。高1で行っていたものです。それを立ち上げたのも僕なんで(笑)。とはいえ、また同じことを3年後にやるのは面白くないだろうという中で、安全に仲間づくりが自主的にできること、さらに感動体験があるものがないかと探した時に、みなかみで衝撃的な事件があったのです。泊まったホテルの夕飯でご飯がなくなったんです。食べすぎて。それが、アドベンチャーゲームをやったあとだったんです。あの時はみなかみの温泉街を使ってやりましたよね。お腹が空いてしょうがなかったのか、女の子も何杯もお代わりしたりして、大食いがそろっているわけではなかったのに。それを思い出して、あれ面白かったよね、ということになったんです。そして、アドベンチャーゲームを軸に、中1の宿泊行事を作ろうとなったのです。

――うちの商品は、「ぷちアドベンチャーゲーム」なんですけど、石井先生自ら「ぷち」を取って、これは「アドベンチャーゲーム」だろう、と最初におっしゃっていて。中1の生徒さんたちにとっては、河口湖の山の中に入って高いハードルを与えられるので、やはり、そのあたりへのこだわりはあったんですよね？

はい、こだわりました。われわれが重視したのが、学校とかグラウンドで行うのではなく、生徒たちを自然に返したかった。小学校6年生が、4年生ぐらいから塾に行って、緊張して受験をして、学校に来る。それをほぐすには、自然に返すのが一番だろうと。林間学校も自然に返すための行事だったので、自然の中でふれあいを持たせるのがいいだろうということで、場所を100～150キロ圏内で探したんです。この100～150キロ圏内というのは、もし何か地震とかあった時でも帰ってこられる距離で、その中で河口湖か山中湖のどちらかがよいと思ったのです。河口湖は起伏があって、山もあるからいいのではないかと。その前の年に三《み》ツ峠《とうげ》に登っているんですよ、私たち。同じホテルに泊まって、登って、すごくハードなことをやっていたんです。

――それは先生方が全部引率してですよね？

発案者は私だったのですが。あの時は途中からバスだったかな。登って林道で下りてきて、ショートカットのコースだったたと思います。

――河口湖で6回アドベンチャーゲームをやっているんですよね。結局雨にも降られず、そのあと秩父も雨に降られることなく。コロナ禍になってすぐの時、立川でもやったことがあって、あの時も雨が降りそうで降らなかったんですよね。毎年思うのですが、生徒さんたちは、すごく一生懸命やってくれて、元気で。年頃の子たちなので、中には面倒くさいとか思う人もいると思うんですよね。ただ、ほとんどの子たちがまじめに取り組んで、しかも普通のぷちアドよりも長い時間をかけてやっていて、その中でも、エネルギーが湧いているような感じで。毎年見ているんですが、これはたまたまではないですよね？

たまたまですが、4月の時期に、ああいうふうになるとは思いませんでした。緊張から解き放ってよかったなと。

――5月とか6月とか、その後、変化とかありますか？

変化ありますね。仲間づくりにおいて、実はもっというと、入ってくる前に塾で、同じ中学に合格した者同士のネットワークができてしまっているんですよ。ただ、アドベンチャーゲームでは出席番号順に強制的に割りふって、班を変えるんですよね。そこでシャッフルされたことで、新しい友だちの顔を覚えることができるんですよね。元来、5月の連休あたりに問題行動がよく起きるんですが、アドベンチャーゲームを実施するようになってからは、人間関係のトラブルが少なくなりました。

――確か、一昨年かな。別の先生が、コロナ禍によって、行事が再開できたのが9月とかになって、大変なんだよっておっしゃってたんですね。だから、4月にやる意味って大きいのかなと。

本当にそうですね。4月に設定するのは行事的には難しかったんです。N大の付属高校のテストが4月にあるんですよ。あと、オリエンテーションがあったりと、授業日数が確保できないんです。でも、5月の連休時では遅いだろうと肌感覚でわかっていたので、無理やりにでも連休前にやったらどうだろうと。連休中は体を休めたり、ホッとしたいだろつから、連休前に実施したいねということで、難しい日程ですが、設定したんです。

――われわれも、他の学校さんも含めて、４月５月は受注が多いんですけれど、仲間づくりという観点からすれば、やっぱりその時期にやる意味はありますね。別の時期にやるとなると、違う目的であればいいのかもしれませんが。

目標としては仲間づくりなんですけど、要は受験で疲れて入った生徒たちを、リラックスさせようよというのも1つの目的ではあります。昔からおおらかな生徒が多いのがうちの学校の世間からの評判なので、そのおおらかさを最初から発揮できる土壌を作りたかったのが、大きかったんじゃないんですかね。

――1年に1回ですが、本当に生徒さんたちはエネルギッシュにやってくれているので、仲間づくりだけでなく、おおらかさの土壌を作りたいという先生の思いは、なんだかうまくはまっているような気がします。

それはよかったです。あの行事は、うまくはまりましたね。

――アドベンチャーゲームをやりに、３日間河口湖に行っているようなところがあるじゃないですか。ゲームは1日かけて、表彰式も夜にやって、前日も30分ぐらい本番に向けての話をしたりして。最初の年に実施した学年の生徒さんたちが卒業する時に、３年間の思

い出の詰まった文集を送ってくださって、一番初めにアドベンチャーゲームの記事があって、意味があることをさせていただいているというのは、あのすごく分厚い文集を見るたびに思います。

そうですね。乗り越えなくてはいけない壁を乗り越えられたというか。前の年の年末、下見に行った時、大雪だったんですよね。覚えてますか？　あれがあったのに、行事ができた時の喜びと、学年がうまく出発できたっていう喜びが重なって、よかったですよね。

――先生方も、この行事に対して、すごく力を入れているじゃないですか。当社としても、まずは安全にやることが第一なので、先生方も自転車で巡回してくれたり。先生と生徒さんとのコミュニケーションの強化もこの行事をきっかけにできているんじゃないですか？

そうですね、ありますね。まだ担任の顔を覚えているかわからない時に、われわれも巡回するグループと、生徒と回るグループと、顔を覚えてもらうという意味でも、積極的に取り組んでいます。やっぱり、教員も教室で話すより、自然の中に身を置くほうが飾らない言葉が出ますよね、絶対に。素のところも出てくるし。河口湖のいいところは、ホテルからも富士山がよく見えることで、ゲーム中、どの場所からでも見える。あれはいいですよね。だから、生徒たちも、富士山について話がはずむし、アドベンチャーゲーム中はいつも目に入ってくる。とても印象的だったみたいです。卒業生にも、あの行事で一番印象深かったのは、アドベンチャーゲームと富士山ですって、言われます。アドベンチャーゲームって、バカにしていたみたいなんですよね。しかし、意外と難しいクイズがあったり、広範囲にわたって歩きます。

――全体的にゲームの成績もよくて、果敢に山にアタックしているチームもいる。大人でもまあまあ大変ですけど。そこに到着したからこそ見られる景色だったり、ゲームでの勝ち負けだけでなく、チームとして一体感を感じるというか、そういう1つのきっかけになればいいと思います。仮に山のポイントにしか行けなかったとしても、「あの富士山を見てよかったな」とか思ってくれたら、それだって1つの成果だと思いますし。

1年目にすぐ気がついたことを思い出しました。1日目は現地に着いてまず最初に昼食を摂るんですね。その時は生徒たちはめちゃくちゃなんです。食事中に立ち歩いたり、勝手にトイレへ行ったり。その夜の食事の時も、注意を促《うなが》すんですが、まだ周りを見られていないんですよ。ところが、2日目にアドベンチャーゲームをやるでしょ。自分たちで考えて行動できるようになるんですよ。うちの校訓に「自主協同」というのがあるんですけど、それができるようになるんです。３日目が飯盒炊飯で、同じ釜の飯を食べますが、そこまで行くといい顔つきになってきたなと。今まで時間がかかったのが、２泊３日の中でできるんだなと。だから、慣らし運転としては、すごくよかったですね。

実際、アドベンチャーゲームでない、屋外プログラムをやっている高校の生徒さんと話したことがあるんですが、何もわからない感じで取り組んでいたし、何をやっているのかって聞くと、首を傾げるんですよ。だけれども、うちの生徒に聞くと、アドベンチャーゲームってちゃんと答えるし、楽しみにしているんですよ。４月にやりますって入学前に話してしまうんです。合格者の登校日の資料にこういうのがあるという要綱を配るので、何があるかは知っているんです。やることは「アドベンチャーゲーム」「飯盒炊飯」、行くところは「河口湖」としか書いていないんです。親も、「?」という感じなんですって。

――生徒さんにとっては、泊まりにすごく抵抗がある人もいたりするじゃないですか。小学校の時に林間学校に行っているのかもしれないけれど、それが初めてとか。そういう子どもたちにとって重荷になることもあると思うんですよね。スポーツをやっていて合宿経験のある子にとっては、へっちゃらかもしれませんが。

生徒たちは、アドベンチャーゲームといっても、「ドラゴンクエスト」でもやるのかなって感じで、ずっとモヤモヤしている。で、現地に着いた日の夜に実態がわかるんです。そういうふうに作ったので。今の生徒たちって、ネットで調べちゃうんですよね。だから、あまり教えないでいるんですよね。

――われわれもありがたいです。結局、地図とかも直前まで渡さないですし、ネタバレになってしまいますし、うちのＨＰにも一切細かい情報は載せていないので。

そう、直前に伝えるのはいいですよね。実際にＨＰを調べたけれど、「歩くことくらいしかわからない」「自転車に乗るのかな」などと生徒たちは言ってました。だから、意外とＨＰの情報発信はうまくやらなくてはいけないんだなと思いましたね。キョトンとした状態で連れていって、これだったのかと思わせたうえで、みんな一丸となって取り組む。

――子どもには、可能性がいっぱいあるじゃないですか。大人のように考えが凝り固まってないですよね。行ったら行ったで、違う発想が生まれたりして。マイナスに働くこともあるかもしれないですが、違ったかたちでも何か作られていけば、それはいいことだと思います。われわれも、このゲームの中で何かを感じてもらえれば――友だちを気遣ったり、一緒に何かを成し遂げたり、そういうきっかけを作って、いろいろなことに気づいてもらうことが重要だと考えているので。

子どもは、自然の中で遊んでないですものね。家族でキャンプへ行っていても、意外と協調性というか協働性が育まれていないんですよね。

——学校でアドベンチャーゲームをやっていくうえで、そこが一番重要なのかなとは思っています。

そうですね。重要です。一番の学びですよね。だから、中高6年間の出発点としてうまく定めた行事になったと思います。ただ最初、他の先生からも反対意見はありましたね。新学期でまだよくわからないのに自由にして大丈夫かとか、心配していたみたいですね。でも、意外と平気だった。大自然に放つので、一人ひとりの空間が大きいため問題なかったです。われわれも、彼と彼は仲が悪かったんだ、といった相関図は、あとになってわかるのですが、意外と生徒たちって、行事でもって因縁ができちゃったり、仲間割れのもとになることが多いんですよ。でも、アドベンチャーゲームではないんですよ。どうしてですかね？　逆に我部さんに聞きたかったのです。それって、ゲームの特性でしょうか？

——たぶん、5、6人のチームだからじゃないですか。クラス対抗もあるんですが、それはチームの足し算だけの話なので。この絶妙な人数で、顔が見える範囲で、できるのが1つの理由なのかなと。これが、2人で動いていたらもめごとがあるかもしれませんし、逆

に人数が多いと、何もやらない子も出てきたりして。5、6人だとずっと黙っているわけにはいかないじゃないですか。

やはり、役割分担が自然とできていくんですね。実際、怪我《けが》をしている生徒が参加したことがあるのですが、「山に登るから待っててね」と、その子を置いていかなければならない場面でも、独《ひと》りぼっちにしないで誰かが一緒にいたりして、ちゃんと役割を見つけてはフォローしたりしているんです。ゲーム的には、ルールを守ってないんですけどね（笑）。

――うちとしては、教育プログラムとしてずっと使っていただいていて、本当にありがたいです。

今、1日だったオリエンテーションを2日に増やすようになり、（2022年）現在、7月に林間学校を行っています。昨年初めて秩父で実施した時に、下見の際、我部さんのことを知らない先生が行ったんですよ。そうしたら、これ面白いから絶対やりましょうと、すごく乗り気で帰ってきて。そうしたら、我部さんが当日行けなくなったんですよね、濃厚接触者かなんかになって。それでも強行突破でやろうかなと思ったんですが、その先生が、我部さんがいないのなら、日程をずらそうということになって。これ、本当に本当です。しかも結果的に台風も重なって、それで9月になったんです。

——ご迷惑をおかけしました。

特にうちの学年は、コロナ以降は、行事というかレクリエーションに飢えていて……。すごく食いつきましたね。僕としては、河口湖を推しているので、秩父はどうかなと思ったのですが、生徒たちは楽しかったみたいです。そういえば、新しく校外行事をやろうと立ち上げた時も、アドベンチャーゲームをやろうと言った先生がいました。仲間づくりと共同作業を求めているので、アドベンチャーゲームがいいというのは、浸透していますね。

——宿泊行事もできるようになってきましたね。修学旅行も行きましたか？

修学旅行は、昨年行けて、今年も行く予定です。今の中学3年生は、宿泊行事が全部潰れてしまって、日帰り行事しかできませんでした。宿泊行事を体験したいという生徒の思い、親御さんの思いは痛いほど伝わってきました。教員も同じ思いです。中でも修学旅行には特別感がありますので。でも、アドベンチャーゲームに出合えてよかったです。

——こちらこそ、ありがとうございます。

先ほども言いましたが、最初のみなかみでのアドベンチャーゲームで、ホテルのご飯がなくなった。それだけ自然の中を動き回って楽しかったんだという。30年以上教員をやっていて、行事が好きな僕は、いろいろな行事に顔を出していました。でも、ご飯がなくなったっていうのは初めてで、びっくりしましたね。それだけの行事ってあるんだって。

——動くのはもちろん、自主的に動きますからね。決められたコースを行くだけではなく、なんだかんだで、回る順番を考えたり、時間が決まっているので、ここまでにはここを回っておこうとか。

あの時のように自分たちで動くということで、創造性も育まれますしね。やっぱり協調性も必要だし、子どもたちなりに作戦を考えますよね。見ていて面白いのが、そこができる生徒は、やっぱり成績もいいんですよ（笑）。上位を見てみると、成績上位者と一緒だなとか（笑）。時間の配分ができるということはすごいんだなと。これは大人になっても必要なことですからね。入学してから2週間ぐらいしか経っておらず、緊張感も残しつつ参加している生徒たちの笑顔を、河口湖の行事で初めて見た時のうれしさは格別ですね。他の学校さんも、アドベンチャーゲームをどんどんやればいいのにね、って思いますよ。当時は、アドベンチャーゲームをやっている学校はそんなに多くない気がしました。そのあたりはどうなんですかね？

――コロナで、宿泊行事ができない代案としてのケースはあります。件数は増えてきています。

体育館で遊んでいる学校とかね。ドッジボールをやったとかありますが、それだけでは面白くないですよ。

――一番先生方が心配されるのは、行動エリアを開放するので大丈夫なのか、ということです。意外と、生徒さんたちってできるんですよね。私立の学校さんなんか、電車を使って通ってきているわけですし。1人だと心配ですが、チームで一緒に回るので。

そのために、うちも、名前も顔もわからないのにいいのか、ということで、特製のビブス（ゼッケン）を作ったんですよ。色がクラスカラーで数字が出席番号。それに用意していただくチーム番号の札をつける。すぐわかります。どこにいても目立つから。顔がわからないから、そういう対策はできるかぎりやりましたね。4月にアドベンチャーゲームをやって、10月の体育大会まで行事がないんですよ。あいだに何か必要かなって思ったんですけど、いらなかったですね。

――うちのプログラムって、アナログじゃないですか。いきなり紙の地図を渡されて、やろうと思えばスマホとかでもできると思うんですが。みんなで1つのものを見たりするこ

とって、大事だと思うんですよね。

大事だと思います。われわれもスマホを持たせようか考えたんですよ。緊急連絡の際に必要ですし、持たせたほうがいいという学年もあって、1回だけ持たせたことがあります。あとは、バスを巡回させたり、教員がマウンテンバイクでコースをぐるぐる回ったり。結果として、子どもたちはスマホに慣れてしまっているので、あえて奪ってしまったほうが自然と会話をします。スマホは自分の世界に入ってしまうので、やりとりがね。ちょっとした喧嘩が起きてもいいと思っています。言い合いがあっても。つかみ合いがあったら困るけれど。お前がああ言ったから間違えたんじゃないか、みたいなのはあっていいことだと。実際の生活の中でもそういうのはあるので、相手に対する言葉遣いだとか、そういった体験を積み重ねるうちに、子どもたちは吸収していきますからね。日常生活の学びが凝縮されるようなもので。よかったです。

うちの学年が、中1でアドベンチャーゲームをやって、中2で自主的に東京巡りという行事をやったんですよ。修学旅行に向けての練習の意味もあって。自分たちでコースや電車の時間なども全部考えて、昼ごはんも自主的に黙食して。ちゃんと時間内に帰ってきましたね。あれは、アドベンチャーゲームを経験したからです。林間学校だけでは無理ですね。教員が指示する集団行動はできても、「自主協同」である班行動は無理なので。あれは学びでしたね。先生たちも学んだし。子どもたちにとっては学びと思わなかったかもしれませんが、人間関係を作る学びでしたね。ありがたいです。我部さんと知り合えて、よかったです、ホントお世辞じゃなくて。

——ありがたいです。最大の誉《ほ》め言葉です。人と人とのつながりって本当に大切ですね。JTBさんに紹介してもらって、たまたま最初の立ち上げの時の中心だった石井先生とご縁をいただきました。

担任を持っていた時は2回。ほかの学年のサポートでも行きました。コースの下見にもけっこう行きましたからね。

——生徒さんたちの何かのきっかけになっているというだけでありがたいですし、生徒さんにとっての中高6年間で最初の行事に関われているだけでうれしいです。中学生の3年間を同じ顔ぶれで過ごし、そして高校からまた新たな仲間が入ってくるわけです。

一人ひとりが話し合える空間を作っていくということができてよかったです。そのためのカギとなるのは、場所と企画でしたね。

——本当にいろいろと、ありがとうございました。

第5章

アドベンチャーレースをとおして目指すもの

アドベンチャーレースをとおした地域活性化の今後

現時点で、レースとして実現したいことは2つあります。

1つ目は、原発の被害に遭《あ》った福島県の復興地域での開催です。現在、福島県楢葉町《ならはまち》で、新規のアウトドアコンテンツの造成に関わっています。楢葉町は2015年に帰還困難区域が解除となり、今では東日本大震災から復興しつつありますが、近隣の双葉町《ふたばまち》や大《おお》熊町《くままち》といった町村ではまだ、日常にはほど遠いところもあります。

原発で帰還困難区域になった町が、数年経ってアドベンチャーレースができるまでになる。放射能汚染がなくなりつつある自然を舞台に、安全であること、そして、自然は今も昔も変わらないというメッセージを発信したいです。そこでは、何も変わらない地元の人々の温かさとふれあうことができる。そういうことを発信するのは、大きな意味があると考えます。

たぶん、このエリアの、規制されたところ以外で、アドベンチャーレースをやることの意味は、社会的にものすごくあると感じます。２０２３年の開催に向けて、自治体とも一緒になって取り組んでいます。コースの開拓やアウトドアコンテンツの数を増やすことに関しては進んでいますが、自然の奥深いところに足を踏み入れた際、それが本当に安全かどうか、まだまだやるべきことは大いにあります。

開催できたその先の未来には、現在、帰還困難区域の町にも、制限が解除となり人が戻ってきた際、そういう地域も徐々に巻き込んで開催し、輪を広げていく。本当の意味での「復興アドベンチャーレース」になるように、一歩ずつ進んでいきたいと思います。

もう1つは、地方の地域活性とは矛盾するかもしれませんが、都会のど真ん中で開催することが、大きな夢でもあります。アドベンチャーレースは、どうしても観戦するのが難しく、参加者の満足が主だっているというのを、どうにかして払拭《ふっしょく》したいです。

都会の真ん中で開催すること、そしてビルの上からロープで降りてきたり、公園にクライミングウォールがあったりと、奇想天外に思えるかもしれませんが、自然の中だけでなく、都会のビル群で、見る人も興奮して楽しめるイベントをつくりあげたいのです。また、東京の運河では、ＳＵＰ（Stand Up Paddleboard）やカヤックができたり、緑の多い公園が土手沿いにあったりと、新たな発見ができたりもします。

こんなに面白いアドベンチャーレースというスポーツが、参加者の自己満足だけで終わるのはもったいない。そのためには、やはり日本の中心である東京で行いたいと考えています。

教育に関する今後の展開

教育的なことに関しては、前章でも述べましたが、より多くの学校に「ぷちアドベンチャーゲーム」を利用していただき、体感してもらいたいです。

エクストレモの利益云々というよりは、純粋に世の中のために貢献できればとの思いです。自分たちで考え、探し、見つけ、協力して、普段できないことを学ぶ。何気ないことに気づくこと。人に気遣いができること。そういった経験を多くの生徒さん・学生さんに体験してもらうことは、結果的に、日本の将来を豊かにすることにつながるのだと信じています。まだまだ、セールス不足の課題は残っていますが、日々精進していきたいと思います。

アドベンチャーレースをとおして描く未来

新型コロナウイルスの影響で、多くの方々がストレスを抱え、いろいろな面で抑制されていることは言うまでもありません。アドベンチャーレースは、アウトドアスポーツの中でも、特にリアルなコミュニケーションが必要とされるスポーツであり、今後さらに、発展していくことに期待もしていますし、エクストレモが、その先頭となって突き進み、使命感を持っていかなければと強く感じています。

また、海外から来る人にも、アドベンチャーレースをとおして、この日本の自然なり、空気感なり、人の温かさなりを、より深く感じ取ってもらえることができるようになればとも考えます。コロナ以前は、多くの外国の方が日本に来て、日本の文化や自然を体験してきました。

定番の京都や日光、鎌倉などもいいですが、2回目、3回目の訪日となるようなリピーターの方は、さらにより日本の奥深さを求めています。アウトドアスポーツの楽しみ方は、オープンマインドな外国人の方が日本人より上手であり、それを野外教育的なことを踏まえて、体験できたら素晴らしいことだと思います。ハードルは高いですが、一歩ずつ実現していきたいと思います。

地域にとっては、仲間が仲間を呼び、その地域のよさを口コミで発信し、観光地ではなくても日本には素晴らしい里山があり、きれいな川があり、フレンドリーな人々がいる、そういったことを、国内外問わず、伝えることのできるスポーツとして、アドベンチャーレースを普及していきたいです。

ありのままの自然を楽しみに来る人がいることで、地域の方々には「おらが町」の自然や文化に自信を持ち、ますます好きになってもらいたいと願っています。地域の魅力を再発見し、好きになることは人と人とのつながりの原点ともいえます。アウトドアスポーツの素晴らしさを開催地域のみなさんと一緒になって発信し、浸透させていくことが参加者の再訪にもつながります。

アドベンチャーレースをとおして、次世代につなげる挑戦はまだまだ続きます。

おわりに

早いもので、アドベンチャーレースに出合ってから、20年以上が過ぎました。この奇想天外なスポーツと関わり、認知度を高めるにはどうすればいいかを考え続けた20年だったとも言えます。この期間は、決して前向きなことばかりではなく、東日本大震災をはじめ、多くの壁にもぶつかりました。特に新型コロナウイルスの蔓延という、先が見えない状況に陥ったのは、本文にも記したとおりです。

ただ思うに、コロナ禍は決してマイナス面ばかりではなく、さまざまなコミュニケーションのかたちを生み出しました。その上で、やはりリアルなことの大切さが、改めて見直されていることも事実ですし、その重要性を感じている人が多いのも事実です。アドベンチャーレースというリアルそのものの世界に関わってきた今までの活動を、現在にいたる軌跡だけでなく、これからの未来にアドベンチャーレースができることについても、本書に記しておきたいと考えました。

環境問題、地方格差、自然災害、人権問題、戦争といった、さまざまな問題が世の中には山積みです。日々のニュースを見るとうんざりすることもあります。しかし目をそむけたくなるようなことであっても、リアルに1人ひとりが向き合っていくことで、そういった課題を解決していくのだと信じています。アドベンチャーレースがたとえその一部であっても必要なものであり、課題解決のきっかけになるのであれば、そして、リアルなものに向き合うことが人間としての成長に役立つのであれば、私自身も世の中に意味のあることをやっているのではないかと感じます。

なお、本の執筆に際し、PHPエディターズ・グループの伊藤利文氏には、このような機会をいただき、同社の牧野祐子氏には、執筆におけるさまざまな面でアドバイスをいただきました。改めて、謝意を表します。

そして、アドベンチャーレースに関わる多くの方々には、感謝してもしきれない思いでいっぱいです。レースを開催させていただいている地域の皆様、レース参加者の皆様、大会に協賛いただいているスポンサーの皆様、「ぷちアド」を利用いただいている学校、企業、旅行会社の皆様、ボランティア、スタッフ、関係者の皆様。本当に多くの方々の支えがあって、エクストレモも私も成り立っています。

何より、いつもサポートしてもらっているスタッフには、怒濤の繁忙期の中でも、手際よく進めていただき、ありがたいかぎりです。加えて、一番近くで見守ってくれている家族の支えがあってこそ、これまで事業を継続することができました。普段なかなか言葉では言えないですが、本当に感謝しています。

私の好きな言葉は「一歩一歩」。これからも多くの方々に支えてもらいながらになると思いますが、少しずつでも着実に前へ進んでいきたいと思います。

本書が、少しでもアドベンチャーレースの認知度向上の一助となり、その上で、地域活性化のプラスとなり、教育の現場でも役に立つことを願ってやみません。

地域に社会に世の中に、少しでも貢献できれば、このうえない喜びです。

2023年3月

我部　乱

【参考文献】

一般社団法人日本スポーツツーリズム推進機構『実践 スポーツツーリズム 組織運営・事業開発・人材育成』（学芸出版社、2022年）
間野義之『奇跡の3年 2019・2020・2021 ゴールデンスポーツイヤーズが地方を変える』（徳間書店、2015年）
びわこ成蹊スポーツ大学『スポーツ学のすすめ』（大修館書店、2008年）
笹川スポーツ財団「スポーツライフ・データ2020」（2021年）
World Sports Tourism Show（2018年）
公益社団法人スポーツ健康産業団体連合会／一般社団法人日本スポーツツーリズム推進機構「第8回スポーツ振興賞」（2020年）
観光庁「アドベンチャーツーリズムの推進」（2022年）
スポーツ庁「アウトドアスポーツ推進宣言」（2017年）
スポーツ庁／文化庁／観光庁「スポーツ文化ツーリズムアワード2020」（2021年）
我部 乱「アドベンチャースポーツの現状と展望に関する研究～大会参加者を類型化し、地域の取り組むべき事項を検証する～」（早稲田大学、2013年）

〈著者略歴〉

我部　乱（がべ　らん）

有限会社エクストレモ代表取締役。東京都出身。1998年、成蹊大学経済学部経営学科卒業。旅行会社ＪＴＢに４年間勤務したのち、ＪＩＣＡ（青年海外協力隊）で中米のコスタリカ共和国に赴任。村落の観光開発を実施する中で、大自然を活用したアドベンチャーレースを２度開催する。2004年に帰国。赴任時の経験を活かし、2005年２月にイベント企画・運営会社「エクストレモ」を設立。2013年、早稲田大学大学院スポーツ科学研究科修士課程修了（研究テーマは、アウトドアスポーツにおける地域貢献）。2020年、「第８回スポーツ振興賞・大賞」ならびに、「スポーツ文化ツーリズムアワード2020・スポーツツーリズム賞」を受賞。

有限会社エクストレモ　http://www.a-extremo.com

アドベンチャーレースが未来をつくる

自然をフル活用したスポーツが、地方と教育を元気にする！

2023年４月12日　第１版第１刷発行

著　者　　我部　乱

発　行　　株式会社ＰＨＰエディターズ・グループ
〒135-0061　東京都江東区豊洲5-6-52
☎03-6204-2931
http://www.peg.co.jp/

印　刷
製　本　　シナノ印刷株式会社

ISBN978-4-910739-25-0